MINICURSUS WORDPERFECT 5.2

voor Windows

In de serie Minicursussen verschijnen:

Minicursus dBASE IV versie 1.5 NL – Smits
Minicursus DrawPerfect 1.1 – Hendriks
Minicursus Lotus 1-2-3 versie 2.2 en 2.3 – Logtenberg
Minicursus Lotus 1-2-3 versie 2.2 en 2.3 NL – Logtenberg
Minicursus Lotus 1-2-3 versie 2.4 NL – Logtenberg
Minicursus Lotus 1-2-3 versie 3.4 NL – Logtenberg
Minicursus MS-DOS 5 – Geerling
Minicursus MS-DOS 6 – Geerling
Minicursus MS Windows 3.1 – Peetoom
Minicursus PC-gebruik – Franken
Minicursus PlanPerfect 5.1 – Logtenberg
Minicursus Quattro Pro versie 4.0 – Logtenberg
Minicursus Quattro Pro versie 4.0 NL – Logtenberg
Minicursus Word 2.0 voor Windows – Verbeek
Minicursus WordPerfect Presentations versie 2.0 – Hendriks
Minicursus WordPerfect 5.1 – Verbeek
Minicursus WordPerfect 5.2 voor Windows – Verbeek

BART VERBEEK

MINICURSUS WORDPERFECT 5.2

voor Windows

ACADEMIC SERVICE
informatica

CIP-GEGEVENS KONINKLIJKE BIBLIOTHEEK, DEN HAAG

Verbeek, Bart

Minicursus WordPerfect 5.2 voor Windows / Bart Verbeek. –
Schoonhoven : Academic Service. – Ill. – (Minicursussen)
Met lit. opg., reg.
ISBN 90-6233-836-4
SVS 7.12.3 NUGI 854
Trefw.: WordPerfect/Windows (computerprogramma) /
tekstverwerking.

Uitgegeven door Academic Service, Schoonhoven
Zetwerk: Perfect Service, Schoonhoven
Omslagontwerp: Kees Dogterom, Stolwijk
Druk omslag: Casparie, IJsselstein
Druk: Krips Repro Meppel
Bindwerk: Meeuwis, Amsterdam

ISBN 90 6233 836 4
NUGI 854

Voorwoord

Minicursussen zijn praktijkgerichte boekjes waarin de principes van de meest gebruikte softwarepakketten op een heldere en beknopte manier worden behandeld.

Elke Minicursus bevat:

- een korte uitleg van het programma en de basisbegrippen;
- beknopte stukjes theorie met oefenopdrachten;
- voorbeelden van wat het programma nog meer kan;
- suggesties voor verdere studie;
- een uitgebreide index.

Minicursussen zijn bedoeld voor:

- leerlingen en studenten in alle vormen van onderwijs;
- iedereen die snel met computers en software wil leren werken.

Er is een degelijke bindwijze toegepast zodat Minicursussen gemakkelijk open blijven liggen naast het toetsenbord van de computer. Alle tekst en tekens die bij de opdrachten moeten worden ingetypt, zijn in het blauw gedrukt.

Inhoud

1 Principes van het programma

In dit hoofdstuk wordt een aantal termen en begrippen uitgelegd, die we in de volgende hoofdstukken zullen gebruiken.

Het programma WordPerfect 5.2. voor Windows

WordPerfect voor Windows

WordPerfect 5.2 voor Windows is een grafisch tekstverwerkingsprogramma van WordPerfect Corporation. Dit Amerikaanse bedrijf levert verschillende soorten programma's, waarvan de tekstverwerkingsprogramma's het belangrijkst zijn. Andere, niet-grafische, tekstverwerkingsprogramma's van WordPerfect zijn de versies 4.2, 5.0 en 5.1, die onder DOS draaien. Deze versies tonen alles in de vorm van tekens op het scherm. In WordPerfect voor Windows wordt alles (ook de tekst) grafisch afgebeeld. De bestanden die met WP 5.1 en WP voor Windows (WPWin) worden gemaakt, zijn onderling uitwisselbaar (compatible).

Voor wie is het programma?

doelgroep

Het programma is voor iedereen die een computer wil gebruiken voor tekstverwerking. Het programma wordt op kantoren gebruikt, maar ook veel thuis. Het kan professioneel worden gebruikt door mensen die er zakelijke correspondentie en andere stukken mee schrijven, door schrijvers die er hele boeken mee schrijven, maar ook thuis door iedereen die wel eens een briefje, een scriptie of iets anders moet maken.

Wat is tekstverwerking?

uitleg tekstverwerking

Met tekstverwerking bedoelen we het maken (schrijven) en wijzigen van tekst. Tekst kan bestaan uit een brief, een memo, een scriptie, een boek, enzovoort. Nog niet zo lang geleden werd tekst meestal geschreven op een schrijfmachine. Dat ging uitstekend zolang er maar geen fouten werden gemaakt of wijzigingen in de tekst moesten worden aangebracht. Met een tekstverwerkingsprogramma kunnen we een tekst schrijven, hem vervolgens helemaal nakijken en eventueel aanvullen, en hem dan pas op papier zetten.

Wat kan het programma?

mogelijkheden van het programma

Met WordPerfect voor Windows kan een tekst worden ingevoerd, verbeterd, gewijzigd, afgedrukt en opgeslagen. Verder kunnen we het uiterlijk van de tekst bepalen. Zo is het mogelijk om tekst vet, onderstreept of cursief af te drukken, te voorzien van tabellen, te verluchtigen met illustraties en nog veel meer.

Muis

Voor het werken met WPWin is een muis niet absoluut noodzakelijk, maar het programma is er wel zo op gericht, dat we ervan uit zullen gaan dat er een muis aanwezig is. Met behulp van de muis wordt een aanwijzer over het scherm verplaatst. Binnen het deel van het scherm waar de tekst wordt ingevoerd, heeft die aanwijzer de vorm van een hoofdletter I. Op andere plaatsen is het een pijltje. De muis wordt gebruikt voor het kiezen van menu's, voor het openen van dialoogvensters, voor het selecteren van opties, het verplaatsen van de tekstcursor (in WPWin 'invoegpositie' genoemd), enzovoort.

linkerknop

De linkerknop is de belangrijkste knop van een muis. Spreken we van dé muisknop, dan bedoelen we de linkerknop. De rechter muisknop wordt nauwelijks gebruikt.

Klikken en dubbelklikken

klikken

Als we een menu willen openen, moeten we de aanwijzer op de naam van het menu zetten en even op de (linker) muisknop drukken. We zeggen dan dat we even klikken op de menunaam. Sommige handelingen worden uitgevoerd nadat we de aanwijzer naar een bepaalde plek hebben verplaatst en even snel twee keer achter elkaar op de muisknop hebben gedrukt. Die handeling noemen we dubbelklikken. Deze beide handelingen verrichten we vaak en deze termen worden dan ook veel gebruikt.

dubbelklikken

Slepen

Een andere handeling die we met de muis kunnen uitvoeren, is slepen. We laten de aanwijzer ergens naar wijzen, drukken de muisknop in en verplaatsen de muis terwijl we de muisknop ingedrukt houden. Pas als we de gewenste eindpositie hebben bereikt, laten we de muisknop weer los. Deze techniek wordt onder andere gebruikt bij het selecteren van tekst en bij het kiezen van een optie uit een pop-up-lijst.

Venster

Een venster is een afgebakend, rechthoekig deel van het scherm. Er kunnen verschillende vensters op het scherm staan. Deze kunnen naast of onder elkaar staan, maar elkaar ook overlappen. Er is altijd maar één venster actief. De vensters zijn aan de bovenzijde voorzien van een zogenaamde titelbalk. De titelbalk van het actieve venster heeft een andere kleur dan die van de inactieve vensters.

titelbalk

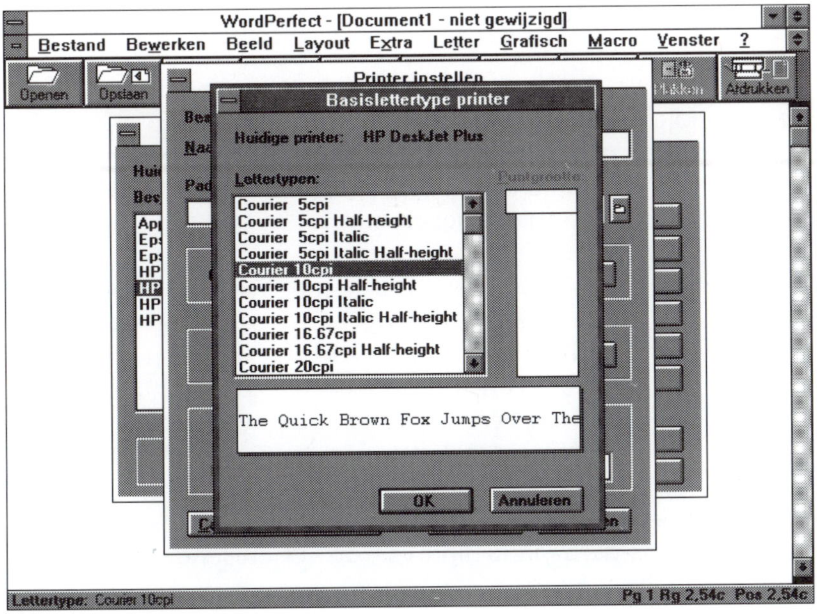

Figuur 1.1 Een voorbeeld van een venster over andere vensters

Het documentvenster

statusregel

Het documentvenster is van alle WPWin-vensters het belangrijkste. Hier voeren we onze tekst in. Onder aan het documentvenster staat de statusregel. Hierop wordt informatie over het gebruikte lettertype en de positie binnen het document getoond.

Dialoogvensters

soorten dialoogvensters

Veel opdrachten worden gegeven via dialoogvensters (zie figuur 1.2). Dat zijn vensters die onder andere de volgende onderdelen kunnen bevatten:

Tekstvakken: Dat zijn witte vakken waarin tekst moet worden ingetikt (bijvoorbeeld een bestandsnaam). In veel gevallen doet WPWin al een voorstel, dat we kunnen laten staan of vervangen door eigen tekst.

Aankruisvakjes: Een aankruisvakje is een vierkantje waarin al dan niet een kruis staat. Een aangekruist vakje is actief. In een groep aankruisvakjes mag meer dan één vakje worden geactiveerd.

Keuzerondjes: Een keuzerondje is een rondje waarin al dan niet een grote stip staat. In een groep keuzerondjes is er altijd één – en niet meer dan één – actief. Dat is het rondje met de stip.

Knoppen: Een knop is een blokje met een naam. Klikken we op een knop, dan geven we opdracht een bepaalde handeling uit te voeren. Knoppen die veel in dialoogvensters voorkomen, zijn Annuleren (sluit het venster zonder iets te doen) en OK (activeer de functie met gebruik van de ingestelde opties).

Andere onderdelen zoals lijstvakken, pop-up-lijsten en lijstknoppen komen bij de behandeling van de verschillende dialoogvensters ter sprake.

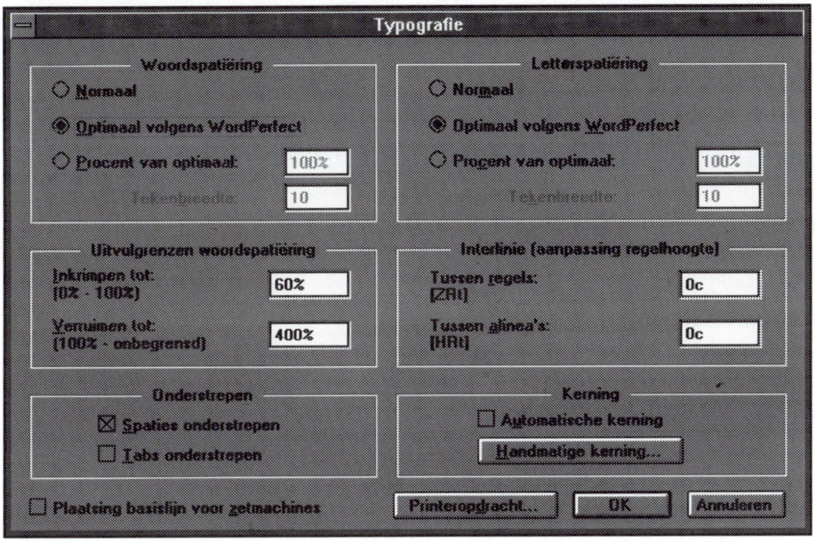

Figuur 1.2 Een dialoogvenster

Berichtvensters

Zo nu en dan heeft WPWin ons iets mee te delen. Het programma toont dan een berichtvenster op het scherm. Een berichtvenster kan bijvoorbeeld een foutmelding bevatten. Gewoonlijk heeft een berichtvenster slechts één knop om het venster mee af te sluiten: OK.

Standaardinstellingen

De standaardinstellingen hebben voor het grootste deel te maken met de manier waarop de tekst die we met het programma invoeren, op papier komt te staan. Zo zijn er standaardinstellingen voor de kantlijnen, de afmetingen van het printerpapier, het al dan niet uitvullen van de tekst, de hoeveelheid witruimte boven en onder aan een pagina, enzovoort.

Onzichtbare codes

Veel functies in WordPerfect hebben, wanneer we ze toepassen, tot gevolg dat er in de tekst een onzichtbare code wordt gezet. In het documentvenster zijn deze codes gewoonlijk niet te zien, maar ze staan wel degelijk in de tekst. Deze codes hebben in de meeste gevallen betrekking op instellingen die afwijken van de standaardinstellingen. Als we bijvoorbeeld de kantlijnen (of marges zoals ze in WordPerfect worden genoemd) veranderen, wordt in het document een onzichtbare code met de nieuwe instellingen geplaatst. Deze codes kunnen zichtbaar worden gemaakt; daar komen we in hoofdstuk 3 op terug.

Toetsen

toetsenbord

Voor het invoeren van tekst gebruiken we het toetsenbord. Het is dus belangrijk dat we het omgaan met het toetsenbord goed onder de knie hebben.

muis

Veel opdrachten die met de muis worden gegeven, kunnen ook worden uitgevoerd door middel van een toets of toetsencombinatie. Die worden dan in de menu's achter de optie genoemd. In deze Minicursus zullen we ons echter hoofdzakelijk beperken tot het gebruik van de muis.

Enter

Esc

Enkele toetsen zijn wel van belang. Zo kunnen we in een dialoogvenster de standaardknop (meestal OK of Ja) selecteren door op Enter te drukken. Hebben we per ongeluk een verkeerd menu of een verkeerde optie in een menu gekozen, dan keren we terug naar de voorgaande situatie door op Esc te drukken.

De functie Help

contextgevoelig

In bijna alle situaties kunnen we het programma om hulp vragen. Deze hulp is contextgevoelig. Dat wil zeggen dat als we een menu of een dialoogvenster hebben geopend, de hulp die we krijgen, betrekking heeft op datgene waar we mee bezig zijn.

Functie Help: F1

Helpvenster sluiten: Alt-F4

We roepen de Help-functie op door op F1 te drukken. Er verschijnt dan een venster met informatie. We sluiten dat venster weer door de aanwijzer buiten het venster te plaatsen en op de linker muisknop te klikken of door op Alt-F4 te drukken.

Hoewel de tekst voor deze functie door WordPerfect wordt geleverd, is de Help-functie zelf onderdeel van Windows.

2 Beginnen

In dit hoofdstuk leren we de meest gebruikte functies en mogelijkheden van WordPerfect. Met behulp hiervan zijn we in staat:

- ✓ *het programma te starten;*
- ✓ *tekst in te voeren;*
- ✓ *een document op schijf op te slaan;*
- ✓ *een document van schijf in te lezen;*
- ✓ *veranderingen in een document aan te brengen;*
- ✓ *een document af te drukken;*
- ✓ *het programma te verlaten.*

2.1 Het programma starten

WordPerfect voor Windows starten

Voordat we WordPerfect voor Windows starten, moeten we eerst Windows starten. Dat gebeurt op de opdrachtregel van DOS met de opdracht win. Pas nadat Windows is geladen, kan WordPerfect worden gestart, mits WordPerfect is geïnstalleerd onder Windows (zie voor de installatie van het programma appendix A). We doen dat door de aanwijzer naar het WPWin-pictogram te verplaatsen en dan even twee keer snel achter elkaar op de (linker) muisknop te drukken. Dat noemen we dubbelklikken.

WPWin-pictogram

pictogram naar voorgrond halen

Het kan zijn dat dit pictogram niet zichtbaar is. In dat geval moeten we het eerst naar de voorgrond halen. Het pictogram staat in een venster met de titel WordPerfect: de WordPerfect-groep. Staat deze groep niet vooraan, dan brengen we die naar voren door de aanwijzer naar de balk met de titel WordPerfect te verplaatsen en daar even kort op de muisknop te drukken. Een enkele korte druk op de muisknop noemen we klikken.

Opdracht 2.1

WordPerfect voor Windows starten

- Typ op de DOS-opdrachtregel *win* en druk op Enter
- Klik, als de WordPerfect-groep niet vooraan staat, op de titelbalk van het venster voor die groep (verplaats de aanwijzer naar de balk met de naam WordPerfect en druk op de muisknop). In figuur 2.1 is dit venster afgebeeld.

- Dubbelklik op het pictogram met de naam WPWin (verplaats de aanwijzer naar het pictogram en druk twee keer snel achter elkaar op de muisknop).

Figuur 2.1 De Windows-groep voor WordPerfect

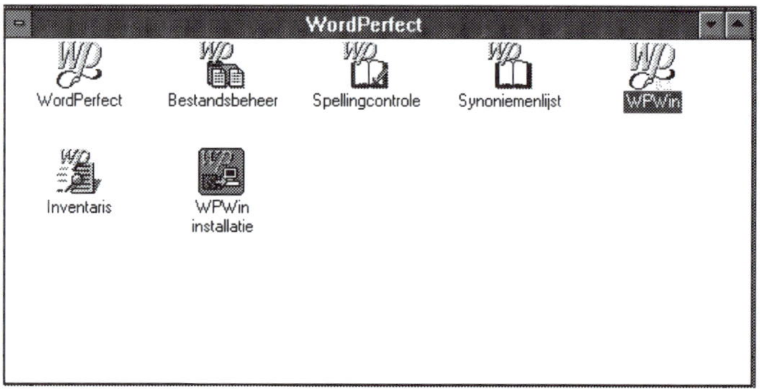

2.2 Het documentvenster

tekstcursor of invoegpositie

We kijken nu naar het documentvenster van WordPerfect (zie figuur 2.2). Het grote witte vlak is ons 'vel papier': het feitelijke tekstvenster. Hier komt de tekst te staan die we intikken. Boven in het grote witte vlak staat een verticaal streepje te knipperen. Dat streepje noemen we de tekstcursor of invoegpositie.

aanwijzer

Ergens op het scherm staat echter nog een ander symbool: de aanwijzer. Hoe de aanwijzer eruitziet, is afhankelijk van zijn positie op het scherm. Binnen het deel van het documentvenster waar de tekst wordt ingetikt, heeft de aanwijzer min of meer de vorm van een hoofdletter I. Daarbuiten ziet de aanwijzer er net zo uit als tijdens het starten van WordPerfect vanuit Windows: een pijltje dat naar linksboven wijst.

titelbalk

Het documentvenster bestaat uit verschillende onderdelen. Helemaal bovenaan staat de titelbalk met daarin `WordPerfect - [Document1 - niet gewijzigd]`.

menubalk

Direct daar onder staat de menubalk. Deze bevat de tien hoofdmenu's:

Bestand — Dit menu bevat allerlei opdrachten die betrekking hebben op het opslaan en openen van bestanden, plus het afdrukken van documenten.

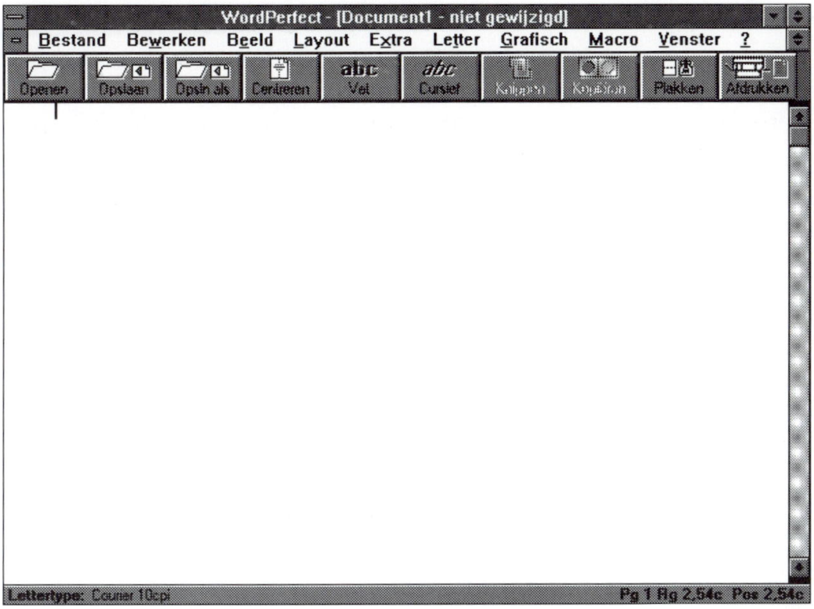

Figuur 2.2 Het documentvenster van WordPerfect

Bewerken
Zoals de titel al suggereert, bevat dit menu opdrachten voor het bewerken van een tekst in het documentvenster.

Beeld
Dit menu bevat opties die bepalen hoe het scherm eruitziet en wat er op het scherm wordt getoond.

Layout
Allerlei opdrachten die betrekking hebben op het uiterlijk van het document vinden we in dit menu.

Extra
Het menu Extra bevat een aantal van de meer geavanceerde functies van het programma.

Letter
Het uiterlijk van de tekst in het document kunnen we beïnvloeden door middel van de opties in het menu Letter.

Grafisch
Willen we illustraties in de tekst aanbrengen, dan hebben we de mogelijkheden van dit menu nodig.

Macro	De opties van dit menu stellen ons in staat macro's op te nemen en uit te voeren.
Venster	Met dit menu gaan we op een gemakkelijke manier naar een ander documentvenster. We kunnen met niet minder dan negen verschillende documentvensters tegelijk werken.
?	Het vraagteken staat voor het menu Help.

knoppenbalk

Onder de menubalk staat de knoppenbalk. Deze knoppen vormen een snelle methode voor het uitvoeren van functies en opdrachten die ook via de menu's beschikbaar zijn.

statusregel

Onder aan het documentvenster staat tenslotte de statusregel. Deze vermeldt op welke pagina en op welke verticale en horizontale positie de invoegpositie staat. Tevens wordt op de statusregel het lettertype getoond.

Opdracht 2.2

Werken met de muis

- Beweeg de muis heen en weer. Op het scherm zien we de aanwijzer bewegen. Deze lijkt op een hoofdletter I – tenminste als hij zich in het grote witte vlak bevindt.
- Beweeg de muis langzaam naar boven en kijk naar het scherm. Op het moment dat we buiten het tekstvenster komen, verandert de aanwijzer in een pijltje. Ook helemaal rechts en onder aan het scherm heeft de aanwijzer de vorm van een pijltje.
- Open het menu Beeld en klik op Knoppenbalk. De knoppenbalk verdwijnt van het scherm.
- Herhaal deze handeling om de knoppenbalk weer terug op het scherm te zetten.
- Klik nu in het menu Beeld op Liniaal en bekijk de veranderingen op het scherm. Onder de knoppenbalk staat nu de zogenaamde liniaal. Ook de liniaal is een belangrijk hulpmiddel bij een groot aantal functies.

liniaal

De knoppenbalk en de liniaal zijn dermate handige hulpmiddelen dat we ze maar permanent op het scherm laten staan. Als daar behoefte aan bestaat kunnen ze snel weer worden weggehaald, maar we gaan er in het vervolg van uit dat ze beide op het scherm staan.

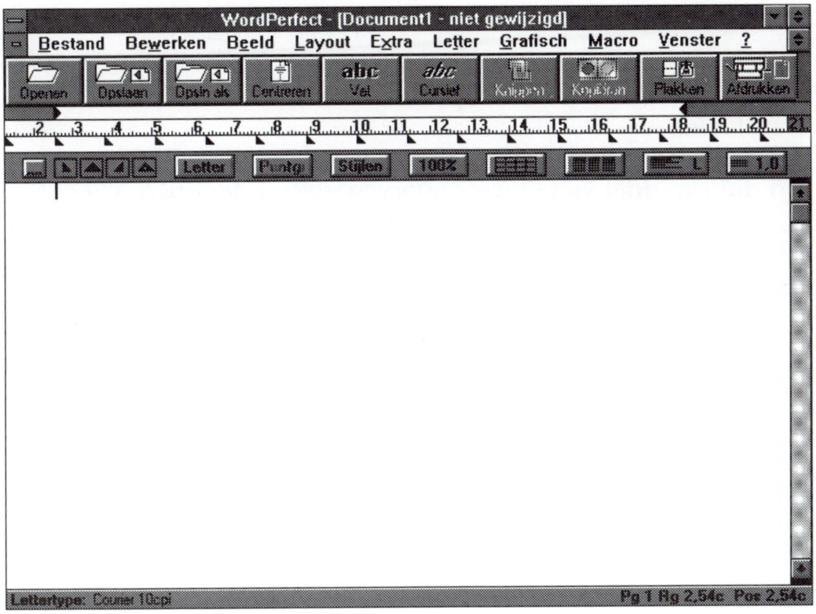

Figuur 2.3 Het documentvenster met de knoppenbalk en liniaal

zandlopertje

Soms verandert de aanwijzer even kort in een zandlopertje. Het programma is dan ergens mee bezig en we moeten even geduld hebben. Meestal is dat maar heel kort, maar soms blijft het zandlopertje wel een halve minuut of zelfs langer op het scherm staan. We kunnen dan niets anders doen.

2.3 Werken met menu's

Straks gaan we WordPerfect gebruiken voor het schrijven van tekst. Nadat we een document hebben gemaakt, kunnen we het afdrukken en het vervolgens verwijderen, maar dat is niet verstandig. We doen er goed aan elk document dat we maken, ook op schijf op te slaan. Op die manier zijn we in staat later de tekst nog eens te gebruiken. Verder zijn we ook niet verplicht een heel document in één keer te schrijven. Logisch, want een boek schrijf je niet in één dag.

opslaan op schijf

We gaan dus ook documenten opslaan op schijf. Als we dat nu doen, komen die documenten gewoon tussen de WordPerfect-bestanden in de directory c:\wpwin te staan en dat is natuurlijk niet praktisch. Die directory is één van de standaarddirectories die door WordPerfect worden gebruikt. Wat we nu gaan doen, is een

directory instellen

directory instellen die standaard zal worden gebruikt voor de opslag van onze documentbestanden. Dat doen we via de optie Voorkeuren in het menu Bestand.

opties menu Bestand

Het menu Bestand heeft een groot aantal opties (14). Deze opties zijn door middel van lijnen onderverdeeld in groepen. De eerste groep (drie opties) heeft betrekking op het maken van een nieuw document en het opvragen van bestanden. De volgende groep (vier opties) heeft te maken met het opslaan van documenten op schijf. De groep die daarna komt, biedt een aantal functies voor het werken met bestanden. De vierde groep bestaat uitsluitend uit de optie Voorkeuren, die we zo zullen gebruiken. Daarna volgt een groep met drie opties die betrekking heeft op het afdrukken van het document. Met de laatste sluiten we het werken met WPWin af.

vervolgmenu

We gaan de optie Voorkeuren gebruiken. In het menu Bestand staat achter deze optie een klein driehoekje dat naar rechts wijst (►). Dat betekent dat met het selecteren van deze optie een vervolgmenu wordt opgeroepen.

plaats van de bestanden

dialoogvenster

Het vervolgmenu Voorkeuren roepen we op door op die optie te klikken. Met het menu dat dan verschijnt, kunnen we allerlei standaardinstellingen van het programma instellen. We hebben de eerste optie uit dit menu nodig: `Plaats van de bestanden`. Achter deze optie in het menu staan drie puntjes (`...`). Zoals het driehoekje erop wijst dat het kiezen van een optie een vervolgmenu oproept, zo betekenen deze drie puntjes dat het kiezen van die optie een dialoogvenster oproept.

Opdracht 2.3

Werken met menu's en dialoogvensters

- Klik op de menubalk op Bestand.
- Klik op de optie Voorkeuren in het menu Bestand.
- Klik op Plaats van de bestanden.

tekstvakken

We zien een dialoogvenster. De titelbalk vertelt ons dat dit het dialoogvenster `Voorkeuren: plaats van de bestanden` is. Aan de linkerkant staan beschrijvingen van groepen bestanden. Achter die beschrijvingen staat een vak waar in sommige gevallen iets staat ingevuld. Deze vakken noemen we tekstvakken. Een tekstvak is een plaats waar we iets kunnen invoeren. In het bovenste tekstvak staat het symbool voor de invoegpositie te knipperen. Achter alle tekstvakken in dit dialoogvenster staat een knopje met

lijstknop

een map: een zogenaamde lijstknop. Verder zien we onder in het dialoogvenster een (actief) aankruisvakje en twee knoppen. Die knoppen komen in bijna alle dialoogvensters voor. Als we klaar zijn met het instellen van de verschillende zaken in een dialoogvenster, klikken we op OK. Willen we het venster verlaten zonder iets te doen, bijvoorbeeld wanneer we per ongeluk een verkeerde optie hebben gekozen in een menu, dan klikken we op Annuleren. Het venster verdwijnt dan zonder dat er verder iets gebeurt.

OK

Annuleren

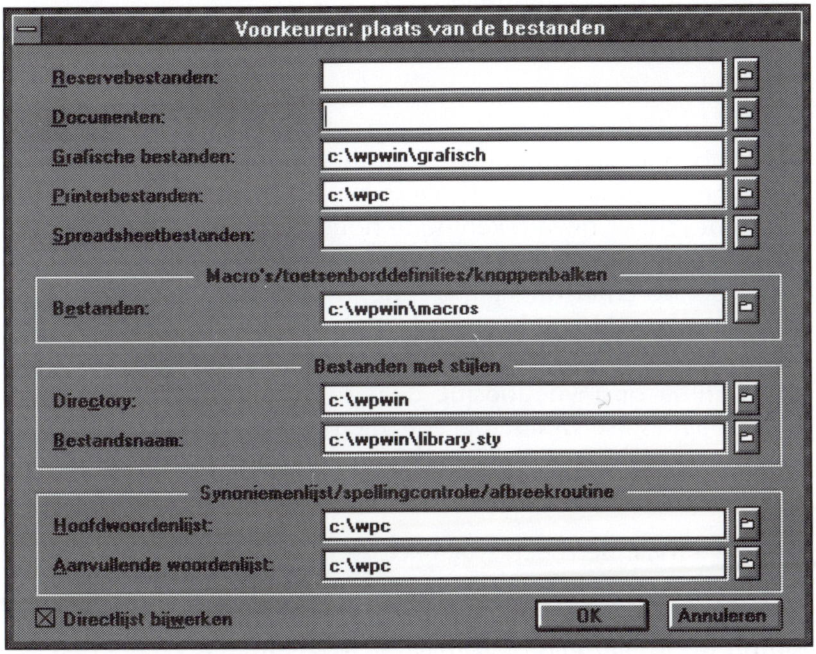

Figuur 2.4 Het dialoogvenster Voorkeuren: plaats van de bestanden

nieuwe directory maken

We gaan een directory opgeven voor de documenten. We hoeven dan alleen maar in het tekstvak achter Documenten de naam van onze directory op te geven en op OK te klikken. Als die directory nog niet bestaat, verschijnt er een berichtvenster met de vraag of die directory moet worden gemaakt. In dat geval klikken we nogmaals op OK.

berichtvenster

Opdracht 2.3

-- **vervolg** --

- Typ achter Documenten *c:\wpwin\tekst*
- Klik op de knop met het opschrift OK; we zijn immers klaar met dit dialoogvenster.
- Als de directory nog niet bestaat, verschijnt het berichtvenster met de vraag of die moet worden gemaakt.

- Klik in dat geval weer op OK. De dialoogvensters verdwijnen en het gewone tekstvenster verschijnt weer.

Telkens wanneer we nu een document opslaan of een bestand opvragen, zal standaard deze directory worden gebruikt.

We hebben nu een idee gekregen van het werken met menu's en dialoogvensters en we hebben tevens een belangrijke instelling in het programma aangebracht. Het wordt nu tijd dat we ons eens met tekst gaan bezighouden.

2.4 Tekst invoeren

invoegpositie

We hebben al gezegd dat we tekst invoeren bij de invoegpositie. Dat is het knipperende verticale streepje. Tijdens het intikken van tekst hoeven we geen rekening te houden met het einde van een regel. We hoeven er dus niet op te letten dat we aan het eind van een regel op Enter drukken om de invoegpositie naar het begin van de volgende regel te verplaatsen. We tikken gewoon door. Hebben we het einde van de regel bereikt, dan verplaatst het programma de invoegpositie naar het begin van de volgende regel. Pas als we beslist op een nieuwe regel willen beginnen, moeten we op Enter drukken. We voegen dan op die plaats een zogenaamde 'harde return' in.

harde return

Laten we maar eens een stuk tekst typen. We gaan in deze en de volgende paragrafen een brief maken. Deze brief is gericht aan de bewoners van een wijk en heeft betrekking op een buurtvergadering waar over een gevaarlijke verkeerssituatie zal worden gesproken.

Opdracht 2.4

Tekst typen

- Tik de volgende tekst in. Druk pas op Enter als dat wordt gevraagd. Eventuele fouten kunnen gewoon blijven staan. Verderop leren we hoe we tekst kunnen wijzigen en dus ook verbeteren.

Zoals u waarschijnlijk al in de huis-aan-huis-bladen hebt gelezen, wordt op woensdag 15 april een buurtvergadering belegd in het wijkhuis Het oude Steen. Op die vergadering zal worden gesproken over de onveilige verkeerssituatie in onze wijk. Enter
Enter

Bij dezen nodigen wij iedereen uit om op de vergadering te verschijnen. Misschien dat we gezamenlijk de autoriteiten ervan kunnen overtuigen dat er iets moet gebeuren.(Enter)
(Enter)
(Enter)
Namens de wijkraad,(Enter)
(Enter)
(Enter)
(Enter)
ir. P. Zwart(Enter)

De tekst ziet eruit alsof die op een leeg vel papier is getypt. We hebben nu een deel van de brief op het scherm staan. We gaan er later nog tekst aan toevoegen, maar om te beginnen zullen we het document zoals we dat nu hebben, opslaan op schijf.

2.5 Een document opslaan

Opslaan

Op de knoppenbalk zien we een knop genaamd Opslaan. Klikken we op die knop, dan verschijnt er een dialoogvenster (zie figuur 2.5). Dat venster kunnen we ook oproepen door in het menu Bestand de optie Opslaan te kiezen. Omdat we het bestand nog niet eerder hebben opgeslagen, verschijnt in beide gevallen het dialoogvenster `Bestand opslaan als`. Dat venster verschijnt ook wanneer we op de knop Opsln als klikken of de optie Opslaan als in het menu Bestand kiezen.

Opslaan als

Het dialoogvenster bestaat uit verschillende onderdelen. Om te beginnen is er een tekstvak, achter `Opslaan als`, waarin de invoegpositie staat. Daar kunnen we de bestandsnaam intikken. Op de regel daaronder staat:

```
Huidige dir:    c:\wpwin\tekst
```

standaard-directory

Dat is de directory die we in de vorige paragraaf hebben ingesteld als directory voor onze documenten. De directory die wordt getoond nadat we het dialoogvenster hebben opgeroepen, is de *standaarddirectory*. Tikken we in het tekstvak een bestandsnaam in, dan wordt dat bestand opgeslagen in deze directory. We kunnen in het tekstvak de bestandsnaam ook vooraf laten gaan door een pad (bijvoorbeeld \brieven\bestnaam). In dat geval wordt het bestand opgeslagen in de gespecificeerde directory. Verderop zullen we zien dat we de huidige directory ook tijdelijk kunnen wijzigen zonder de standaarddirectory te veranderen.

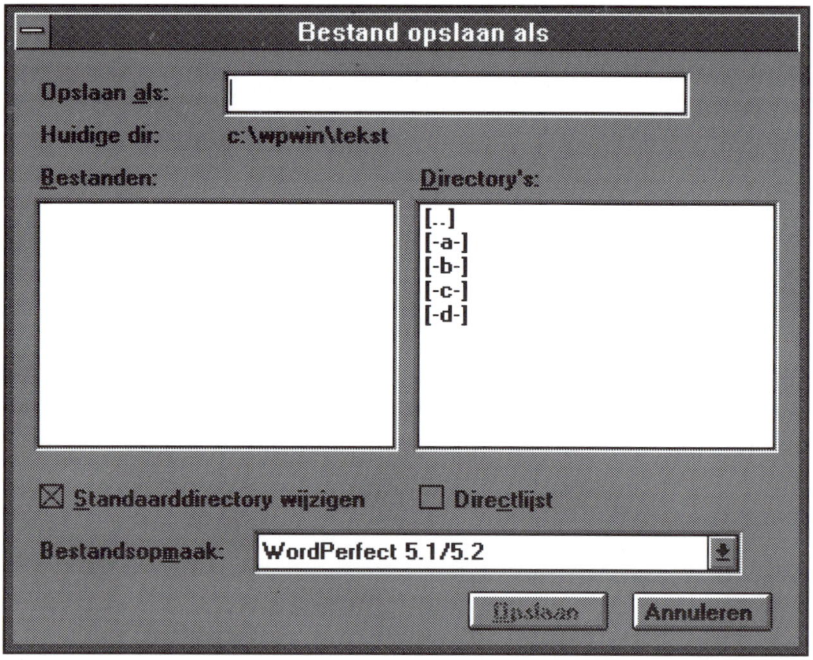

Figuur 2.5 Het dialoogvenster Bestand opslaan als

knop Opslaan

Onder in het venster staan twee knoppen: Annuleren en Opslaan. Welke functie Annuleren heeft, weten we inmiddels: daarmee verlaten we het dialoogvenster zonder dat er iets gebeurt. De knop Opslaan ziet er echter een beetje vreemd uit. De tekst is vaag. Dat komt doordat deze knop nu niet actief is. Het heeft geen zin om hierop te klikken. Dat is logisch, want we hebben nog geen naam opgegeven, dus kan er niets worden opgeslagen. Nadat we de eerste letter van de bestandsnaam hebben ingetikt, verandert het uiterlijk van deze knop ten teken dat die beschikbaar is.

bestandsnaam

Zoals altijd mag een bestandsnaam bestaan uit acht tekens plus een extensie van drie tekens. In dit boek zullen we onze documentbestanden geen extensie geven. Het is wel verstandig bestanden altijd betekenisvolle namen te geven. We zien dan aan die naam wat de inhoud is (een naam als xxos-yyt zegt ons niet veel).

Opdracht 2.5

Een document opslaan
Kies de optie Opslaan in het menu Bestand. (Opdrachten om een optie uit een menu te kiezen, zullen we voortaan in deze vorm geven. Dit betekent: Klik op de menubalk op Bestand en klik vervolgens in het geopende menu op de optie Opslaan.)

- Klik, als het dialoogvenster `Bestand opslaan als` is verschenen, op Annuleren.
- Klik op de knop Opslaan op de knoppenbalk. Hetzelfde dialoogvenster als daarnet verschijnt weer. Beide methoden hebben hetzelfde resultaat.
- Typ br-wijkv (voor: brief wijkvergadering). De knop Opslaan ziet er nu normaal uit. We kunnen op deze knop klikken om het bestand op te slaan, maar omdat we verder in dit dialoogvenster niets hoeven te doen, kunnen we ook na het typen van de bestandsnaam op Enter drukken.

Het document is nu opgeslagen in een bestand op schijf. Dat zien we aan de titelbalk van het documentvenster. Daar staat nu:

`WordPerfect - c:\wpwin\tekst\br-wijkv - niet gewijzigd`

opnieuw opslaan

Brengen we nu een wijziging in het document aan en slaan we het vervolgens weer op, dan zal het dialoogvenster niet opnieuw verschijnen omdat het document al een naam heeft. Wanneer we de knop Opslaan gebruiken, verschijnt het dialoogvenster alleen als het document nog geen naam heeft. Is dat wel het geval, dan wordt het document direct op schijf opgeslagen onder de bestaande naam.

nieuwe bestandsnaam geven

Dat is heel praktisch als we de naam inderdaad willen handhaven. Willen we het document echter een andere naam geven, bijvoorbeeld omdat we het zodanig hebben veranderd dat het eigenlijk een ander document is geworden, dan kan dat ook. We moeten dan de knop Opsln als (optie Opslaan als in het menu Bestand) gebruiken.

Opdracht 2.6

Een document wijzigen en opslaan

- Tik helemaal onderaan Roggestraat 17, druk op Enter, tik 4961 CX Bovenveldt en druk nogmaals op Enter. Het document is gewijzigd (dat zien we ook aan de titelbalk).
- Klik nog een keer op de knop Opslaan op de knoppenbalk. Er verschijnt geen dialoogvenster, maar op de onderste regel zien we even een bericht verschijnen.
- Klik op de knop Opsln als op de knoppenbalk.

Hetzelfde dialoogvenster dat we al eerder hebben gezien wordt getoond, alleen is nu in het tekstvak al een naam ingevuld. Deze naam wordt invers weergegeven. Als we beginnen te typen, verdwijnt die tekst en wordt deze vervangen door hetgeen we invoeren. Verder zien we in het vak onder `Bestanden` de naam van ons document staan. Het bestand staat dus inderdaad op schijf in de directory c:\wpwin\tekst. We hoeven nu geen andere naam op te geven.

- Klik op de knop Annuleren om het dialoogvenster te laten verdwijnen.

2.6 Het programma afsluiten

einde WordPerfect voor Windows

Op een gegeven moment zijn we klaar met het werken met het programma en moeten we het beëindigen. We doen dat met de optie Afsluiten in het menu Bestand. Klikken we op die optie, dan verdwijnt het WordPerfect-venster en keren we weer terug in Programmabeheer van Windows. We kunnen de computer nu uitzetten.

dialoogvenster

Hebben we ons document gewijzigd en nog niet opgeslagen, dan vraagt het programma eerst of we het document willen opslaan. Er verschijnt dan een dialoogvenster met een vraag als:

```
Wijzigingen opslaan in c:\wpwin\tekst\br-wijkv?
```

Dit dialoogvenster bevat drie knoppen. Met Ja slaan we het document op en met Nee doen we dat niet. In beide gevallen wordt WordPerfect wel afgesloten. Willen we terugkeren naar het document, dan moeten we op Annuleren klikken.

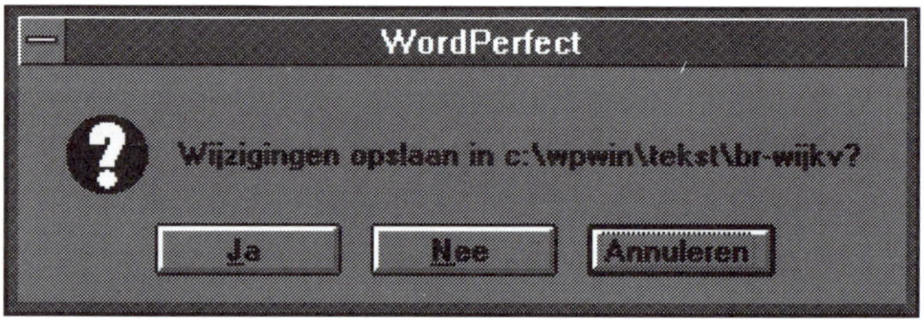

Figuur 2.6 Het dialoogvenster dat verschijnt na Bestand Afsluiten

Opdracht 2.7

Het programma beëindigen
- Kies de optie Afsluiten in het menu Bestand.
- Klik eventueel in het dialoogvenster op Ja.

2.7 Een bestand inlezen van schijf

We weten nu hoe we een document moeten opslaan op schijf en hoe we het programma afsluiten. We moeten nu natuurlijk ook weten hoe we dat document de volgende keer weer terughalen in het programma. Dat doen we met de knop Openen op de knoppenbalk of met de optie Openen uit het menu Bestand. Beide methoden hebben hetzelfde dialoogvenster tot gevolg.

bestand openen

Het dialoogvenster dat dan verschijnt, is er een van een type dat we veel aantreffen in WordPerfect voor Windows. Omdat deze vensters worden gebruikt voor het werken met bestanden op schijf, noemen we ze ook wel bestandsvensters. Laten we dit venster eens goed bekijken (zie figuur 2.7).

bestandsvensters

Achter `Bestandsnaam:` zien we de bestandsspecificatie `*.*` staan. Op de regel daaronder staat de huidige directory, onze bekende directory: c:\wpwin\tekst. In het vak Bestanden staan de bestanden in deze directory. Het vak Directory's bevat een aantal symbolen. De eerste is het bekende DOS-symbool voor de ouderdirectory van de huidige directory (`[..]`, in dit geval is dat c:\wpwin). Vervolgens komt een rijtje symbolen voor de schijven op het systeem. Als onze directory ook nog subdirectories bevatte, zouden die ook in dit vak worden getoond. Vervolgens zien we twee aankruisvakjes en vier knoppen. Met het eerste aankruisvakje veranderen we de standaarddirectory; dat is de directory die in eerste instantie wordt getoond als we een bestandsvenster openen. Met het tweede kunnen we het uiterlijk van bestandsvensters grondig wijzigen; daar zullen we ons niet mee bezighouden. De knoppen Openen en Annuleren spreken voor zich. Met de knop Opties roepen we een pop-up-lijst op waarmee we bewerkingen kunnen uitvoeren op bestanden op schijf. De knop Bekijken stelt ons in staat even een bestand uit de bestandenlijst in te zien.

huidige directory

ouderdirectory

subdirectory

Dit venster heet niet voor niets Bestand openen. Dat gaan we straks ook doen. We kunnen een bestand echter op verschillende manieren openen. Om te beginnen de eenvoudigste manier: dubbelklik op de naam van het bestand. We kunnen ook op de naam van het gewenste bestand en vervolgens op de knop Openen klikken. Deze twee methoden zijn geschikt als het bestand in de lijst staat. We kunnen echter ook de bestandsnaam in het tekstvak boven in het venster intikken en dan op Openen

manier van openen

klikken. Dat is natuurlijk ingewikkelder dan de beide andere methoden, maar we kunnen de bestandsnaam vooraf laten gaan door een directorypad, zodat we op die manier een bestand uit een andere directory kunnen opvragen.

Figuur 2.7 Het dialoogvenster Bestand Openen

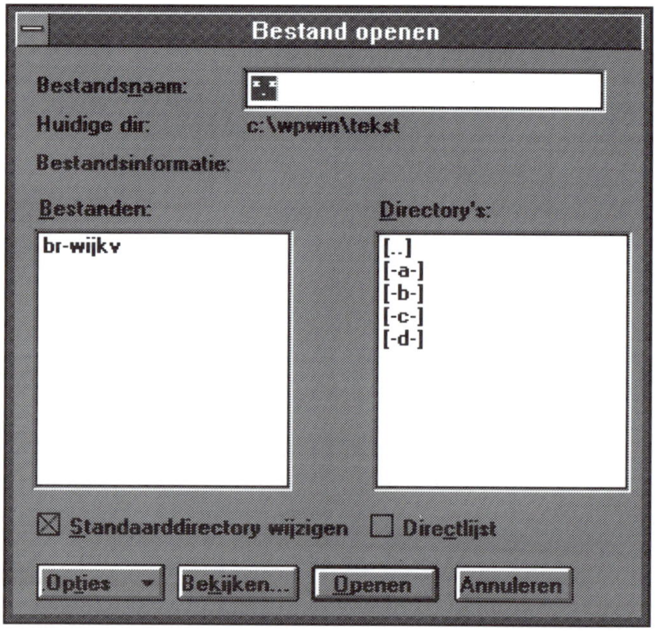

geselecteerd bestand

Klikken we op een bestandsnaam, dan zien we direct een aantal dingen veranderen. Om te beginnen wordt de bestandsnaam ingevuld in het tekstvak boven in het venster en staan op de regel achter `Bestandsinformatie` enkele gegevens met betrekking tot het bestand: de grootte in bytes en de datum en tijd waarop het is opgeslagen. Verder wordt de bestandsnaam in het vak Bestanden invers weergegeven: dat betekent dat dit bestand is geselecteerd.

bekijken bestand

De inhoud van een geselecteerd bestand kunnen we even inzien door op de knop Bekijken te klikken. In de rechter bovenhoek van het scherm verschijnt dan een nieuw venster, dat het voorgaande venster een beetje overlapt. In dit nieuwe venster wordt een deel van het document getoond. De knop Bekijken is handig als we even willen zien of we het juiste bestand hebben geselecteerd. Dat kan van pas komen als er veel bestanden in de directory staan.

kijkvenster openen

Om dit venster weer te sluiten, moeten we het eerst actief maken. Nadat we het venster Bekijken hebben opgeroepen, is het venster Bestand openen nog steeds actief. Dat zien we aan de titelbalk van het venster. Het 'kijkvenster' maken we actief door even met de aanwijzer binnen dat venster te klikken. Daarna sluiten we het door op Alt-F4 te drukken (we kunnen ook op de systeemknop van dat venster – links naast de titelbalk – klikken en vervolgens Sluiten selecteren).

kijkvenster sluiten

vak Directory's

Het vak Directory's stelt ons in staat een overzicht op te roepen van de bestanden in een andere directory. Klikken we op een symbool of de naam van een subdirectory en daarna op Openen, dan verandert er een heleboel in het venster. In het vak Bestanden komt een nieuwe bestandenlijst te staan en ook de inhoud van het vak Directory's verandert.

schuifbalk

In sommige gevallen zal de bestandenlijst zo lang zijn dat die niet meer helemaal in het vak past. In dat geval wordt het vak aan de rechterkant voorzien van een schuifbalk. We kunnen op de pijltjes op de schuifbalk klikken om de lijst in de aangegeven richting door het venster te laten bewegen. Schuifbalken komen in WordPerfect voor Windows meer voor.

Opdracht 2.8

Werken met het dialoogvenster Bestand openen

- Start WordPerfect voor Windows (start eventueel Windows en dubbelklik vervolgens op het pictogram voor WordPerfect). Het lege documentvenster komt weer tevoorschijn.
- Klik op de knop Openen op de knoppenbalk. Het dialoogvenster `Bestand openen` verschijnt.
- Klik op de naam van het bestand `br-wijkv` in het vak Bestanden.
- Klik op de knop Bekijken.
- Verplaats de aanwijzer naar een plek binnen het venster Bestand bekijken, druk even op de muisknop (let op de titelbalk) en druk op Alt-F4. Het venster verdwijnt en het venster `Bestand openen` wordt weer actief.
- Klik in het vak Directory's op `..` en vervolgens op Openen. Bekijk de veranderingen binnen het venster.
- Dubbelklik in het vak Directory's op de directory `tekst`. Door te dubbelklikken hoeven we niet meer op de knop Openen te klikken. De oorspronkelijke situatie is weer hersteld. Het wordt nu tijd het bestand te openen.

- Klik op de bestandsnaam `br-wijkv` (voortaan zeggen we dan: selecteer de bestandsnaam `br-wijkv`) en klik op Openen.

Het documentvenster verschijnt weer en ons document is geopend.

2.8 Een document wijzigen

In hoofdstuk 1 hebben we al verteld dat een van de grote voordelen van een tekstverwerkingsprogramma is dat we de tekst op elk gewenst moment kunnen wijzigen en aanvullen. Daar gaan we ons nu mee bezighouden.

invoegpositie verplaatsen

Direct na het openen van een bestand staat de invoegpositie te knipperen aan het begin van de eerste regel. We moeten in staat zijn overal in het document wijzigingen aan te brengen. Dat betekent dat we de invoegpositie naar elke willekeurige plek binnen de tekst moeten kunnen verplaatsen. Dat kan met de muis en met de cursorbesturingstoetsen.

aanwijzer

Als we de aanwijzer ergens in de tekst zetten en even klikken, wordt de invoegpositie daarheen verplaatst. Het valt (zeker in het begin) niet mee om de invoegpositie precies op de goede plaats te krijgen. Ook moeten we erg oppassen de muis tijdens het klikken niet te verplaatsen, want dan selecteren we tekst.

tekst selecteren

Het selecteren van tekst is een onderwerp dat verderop aan bod komt. We kunnen echter zien dat de functie Selecteren actief is omdat in dat geval op de onderste regel van het scherm de woorden `Selecteren aan` worden getoond. Tevens wordt dan een deel van de tekst wit op zwart weergegeven. Als dat gebeurt, zetten we Selecteren weer uit door nogmaals even te klikken (zonder de muis te verplaatsen).

aanwijzer verplaatsen

De invoegpositie kan alleen binnen de tekst staan. De aanwijzer kan over het hele scherm worden bewogen. Klikken we terwijl de aanwijzer buiten de tekst staat, dan wordt de invoegpositie op de dichtstbijzijnde plek in de tekst gezet. Klikken we bijvoorbeeld onder de tekst, dan komt de invoegpositie aan het einde van de tekst terecht.

cursorbesturings-toetsen

In de praktijk zullen ook de cursorbesturingstoetsen veel worden gebruikt. Hier volgen de belangrijkste:

→, ←	Eén positie (teken) naar rechts of naar links.
↑, ↓	Eén regel naar boven of naar beneden.
Ctrl-→	Naar begin van volgende woord.
Ctrl-←	Naar begin van woord of van voorgaande woord.
Home	Naar begin van regel.
End	Naar einde van regel.
Ctrl-↓	Naar begin van volgende alinea.
Ctrl-↑	Naar begin van alinea of voorgaande alinea.
PgUp	Naar eerste regel van scherm of één scherm omhoog.
PgDn	Naar laatste regel van scherm of één scherm omlaag.
Alt-Home	Naar begin van pagina.
Alt-End	Naar einde van pagina.
Alt-PgUp	Eén pagina omhoog.
Alt-PgDn	Eén pagina omlaag.
Ctrl-Home	Naar begin van document.
Ctrl-End	Naar einde van document.

In de volgende oefening zullen we in het begin aangeven hoe de invoegpositie moet worden verplaatst (bijvoorbeeld, druk op Ctrl-→ om de invoegpositie naar het begin van het volgende woord te verplaatsen). Verderop ontbreken dergelijke aanwijzingen (er staat dan bijvoorbeeld: verplaats de invoegpositie naar het begin van het volgende woord).

Opdracht 2.9

Tekst toevoegen

- Verplaats de invoegpositie indien nodig naar het begin van het document met Ctrl-Home. (Het document bestaat slechts uit één pagina. Kijk eens in de lijst welke toetsen en toetsencombinaties we nog meer hadden kunnen gebruiken om de invoegpositie daarheen te verplaatsen.)
- Druk op Enter om een lege regel in te voegen en druk op ↑ om de invoegpositie naar die regel te verplaatsen.
- Typ Medebewoners van de Granenbuurt, en druk op Enter
- Verplaats de invoegpositie met de muis naar de lege regel tussen de beide alinea's door de aanwijzer naar die regel te verplaatsen en te klikken. Denk eraan de muis tijdens het klikken niet te verplaatsen, want dan wordt de functie Selecteren actief.

- Druk op Enter en tik de volgende tekst over:

  De volgende functionarissen hebben beloofd op de vergadering aanwezig te zijn: Dhr. W. van der Voordt (wethouder Verkeerszaken), Dhr. A.G.T. Winter (hoofd gemeentelijke afdeling Verkeerszaken) en Dhr. H.J. Blauw (wijkagent).Enter

- We willen iets toevoegen achter `Het oude Steen`. Verplaats de invoegpositie met behulp van de muis naar de spatie achter `Steen.` en druk op ← om de invoegpositie direct achter het woord, maar voor de punt te zetten. Druk op spatie en tik (Maaiveld 1)
- Sla het document op door op de knop Opslaan te klikken.

toevoegen tekst

We hebben de brief nu aangevuld met een aanhef en wat nadere informatie. Dit was makkelijk. We hebben alleen maar tekst toegevoegd. We kunnen echter ook tekst verwijderen en eventueel vervangen door iets anders.

verwijderen tekst

Het verwijderen van tekst kan op twee manieren. In de eerste plaats zijn er enkele toetsen en toetsencombinaties waarmee we tekst kunnen verwijderen. Bij de tweede methode moeten we eerst tekst selecteren; dat onderwerp komt in een volgende paragraaf aan bod. Tekst verwijderen via het toetsenbord doen we met behulp van de volgende toetsen en toetsencombinaties:

Del/Delete	Verwijdert teken bij invoegpositie.
Backspace	Verwijdert teken links van invoegpositie.
Ctrl-Del	Verwijdert alles tot einde van regel.
Ctrl-Backspace	Verwijdert woord.

Net als bij het toevoegen van tekst worden na het verwijderen van tekst de regels aangepast aan de nieuwe situatie.

Opdracht 2.10

Tekst verwijderen en vervangen

- Verplaats de invoegpositie naar de `o` van `Het oude Steen` (het knipperende streepje moet direct links van de `o` staan).
- Verwijder de `o` door op Del te drukken en tik een hoofdletter O in.
- Verplaats de invoegpositie naar de `h` van `wijkhuis`. Druk viermaal op Bs en tik buurt

- Zet de invoegpositie ergens in het woord `afdeling` in de tweede alinea. Druk twee keer op Ctrl-Bs en tik verkeers-dienst). Denk aan de spatie.
- Zet de invoegpositie op de `H` van `H.J. Blàuw` en druk op Ctrl-Del
- Tik P.C. de Graaf (verkeerspolitie)
- We kunnen nu ook de eventuele fouten in de brief verbeteren. Lees de brief goed door en breng waar nodig verbeteringen aan.
- Sla het document op.

2.8.1 Verwijderde tekst herstellen

Het kan gebeuren dat we per ongeluk tekst verwijderen terwijl dat helemaal niet de bedoeling was. Het programma beschikt gelukkig over een functie om ten onrechte verwijderde tekst te herstellen.

verwijderingen ongedaan maken

Deze functie maakt deel uit van het menu Bewerken. Klikken we in dit menu op Verwijderingen ongedaan maken, dan wordt de tekst die het laatste werd verwijderd, geselecteerd weergegeven bij de invoegpositie en verschijnt er een klein dialoogvenster (zie figuur 2.8). Het dialoogvenster bevat vier knoppen. Willen we de tekst inderdaad op de aangegeven plaats terugzetten, dan klikken we op de knop met die naam. Het programma onthoudt echter niet alleen de laatste verwijdering, maar ook de twee daarvoor. Deze drie verwijderingen worden opgeslagen in een cirkelvormige buffer. Dat wil zeggen dat we de voorlaatste verwijdering kunnen herstellen door op Vorige te drukken. Klikken we daarna nogmaals op Vorige, dan wordt de eerste verwijdering (de oudste) geselecteerd getoond bij de invoegpositie. Een volgende klik op Vorige brengt ons weer terug bij de meest recente verwijdering. We zijn de cirkel dan helemaal rond gegaan. De knop Volgende doet eigenlijk hetzelfde, alleen doorloopt deze knop de cirkel in de omgekeerde volgorde.

vorige verwijdering
volgende verwijdering

bij invoegpositie

Denk eraan dat deze functie de tekst niet herstelt op de plaats waar die oorspronkelijk werd verwijderd, maar altijd op de plaats van de invoegpositie.

Figuur 2.8 Het dialoogvenster Verwijderingen ongedaan maken

Verder is het zo dat de functie alles onthoudt wat in één keer wordt verwijderd. Verwijderen we dus drie woorden door drie keer op Ctrl-Backspace te drukken, dan worden die drie woorden alle drie geselecteerd weergegeven als we direct daarna de functie Verwijderingen ongedaan maken oproepen. Ook wanneer we een stuk selecteren en dat vervolgens verwijderen door op Del of Backspace te drukken, kunnen we die tekst in één keer herstellen met behulp van deze functie.

Opdracht 2.11

Verwijderde tekst herstellen

- Zet de invoegpositie op de `n` in het woord `woensdag`.
- Druk op Del. Denk eraan de invoegpositie niet te verplaatsen.
- Klik in het menu Bewerken op Verwijderingen ongedaan maken. De verwijderde letter verschijnt nu invers op de plaats van de invoegpositie.
- Klik op Herstellen.
- Zet de invoegpositie op de `D` van `Dhr. P.C. de Graaf.`
- Druk op ← om de invoegpositie tegen de kantlijn te zetten.
- Druk nu achtereenvolgens op Ctrl-Del en Del. De hele regel en de harde return aan het einde zijn nu verwijderd.
- Druk tweemaal op ↑.
- Klik in het menu Bewerken op Verwijderingen ongedaan maken en vervolgens op Herstellen. De regel is nu hersteld, maar op een andere plaats dan waar hij oorspronkelijk stond. De zin plus de harde return zijn in één keer hersteld.
- Verwijder achtereenvolgens het woord `Medebewoners`, het getal `15` en de naam `Winter`. Zet de invoegpositie boven aan het scherm.
- Herstel nu de drie verwijderde woorden weer. Zet de invoegpositie aan het begin van de aanhef van de brief en klik op Verwijderingen ongedaan maken in het menu Bewerken. Hier moet `Medebewoners` worden hersteld, dus klikken we niet direct op Herstellen, maar eerst op Volgende en vervolgens op Herstellen.

Herstel nu de beide andere verwijderingen. Denk eraan dat we zo vaak we willen op de knop Volgende of Vorige kunnen klikken – tot we de juiste tekst invers op het scherm zien. Pas dan klikken we op Herstellen.

2.9 Een nieuw document beginnen

In WordPerfect voor Windows is het mogelijk niet minder dan negen documenten in het geheugen van de computer te hebben. Elk document beschikt over een eigen documentvenster.

Een nieuw document beginnen we door in het menu Bestand op Nieuw te klikken. Er wordt dan een nieuw documentvenster geopend. Aan de titelbalk zien we dat we met een nieuw document te maken hebben en dat we niet alleen maar het huidige eerste documentvenster hebben leeggemaakt, want ook dat is mogelijk.

documentvenster

Zijn we namelijk helemaal klaar met een document, dan kunnen we het sluiten. We doen dat door in het menu Bestand op Sluiten te klikken. Is het document sinds de laatste keer dat het is opgeslagen, niet meer gewijzigd, dan wordt het van het scherm verwijderd. Hebben we het nog gewijzigd nadat we het hebben opgeslagen, dan verschijnt er een dialoogvenster waarin wordt gevraagd of we het gewijzigde document eerst willen opslaan. Wat er vervolgens gebeurt, is afhankelijk van de vraag of er nog andere documentvensters zijn geopend. Is dat het geval, dan komen we in het laatste geopende documentvenster terecht. Was het afgesloten document het enige openstaande document, dan verschijnt er een nieuw, leeg documentvenster.

document afsluiten

Het is dus mogelijk met meer dan één document te werken. Het ligt voor de hand dat we dus ook over een methode beschikken om naar een ander document te gaan. Dat gaat het eenvoudigst met de toetsencombinaties Ctrl-F6 en Shift-Ctrl-F6. Daarmee gaan we respectievelijk naar het volgende en naar het vorige documentvenster. We kunnen ook het menu Venster gebruiken. Als we dit menu openen, zien we in het onderste deel ervan hoeveel en welke documenten er geopend zijn. Bij het actieve document staat een √-tekentje. Hier kunnen we op het gewenste documentvenster klikken om dat te openen.

wisselen document

Opdracht 2.12

Een nieuw document beginnen en een document sluiten

- Kies Nieuw in het menu Bestand. Er wordt een nieuw documentvenster geopend.
- Klik in de menubalk op Venster. Onder in het menu zien we dat er twee documentvensters open zijn. De vensters zijn genummerd. Het eerste is onze brief en het tweede is Document2. Dit laatste is actief, want daar staat een √ voor.
- Maak het eerste venster actief door op de betreffende regel in het menu te klikken. (We hadden dit venster ook kunnen activeren door op Ctrl-F6 of Shift-Ctrl-F6 te drukken.)
- Sluit dit document met behulp van de optie Sluiten in het menu Bestand. Omdat we het al eerder hebben opgeslagen en daarna niet meer hebben gewijzigd, wordt het document gesloten en komen we weer in het tweede documentvenster terecht.
- Open het menu Venster nog even. Er is nu nog maar één documentvenster aanwezig.
- Sluit het menu door de aanwijzer buiten het menu te zetten en te klikken.
- Klik op de knop Openen op de knoppenbalk. Selecteer het bestand `br-wijkv` en klik op Openen.
- Open nogmaals het menu Venster. Nu staan de beide documentvensters in de lijst. Het laatst geopende document staat onderaan.
- Sluit het menu weer zonder er iets mee te doen.

2.10 Eenvoudige aanpassingen in de layout

layout

WordPerfect voor Windows beschikt over een groot aantal functies om de layout, het uiterlijk, van een document te bepalen. In deze paragraaf zullen we enkele eenvoudige voorbeelden van deze functies bekijken.

tab

tabstop

In de eerste plaats beschikken we over tabs. Een tab voeren we in door op de Tab-toets te drukken. Op de meeste toetsenborden heeft deze toets een pijltje naar links en een pijltje naar rechts als opschrift. Met een tab springen we naar de volgende tabstop. Standaard staan er om de 1,27 centimeter tabstops. Drukken we op tab, dan springt de invoegpositie naar de volgende tabstop op de regel. Door telkens naar dezelfde tabstop te springen plaatsen we een recht rijtje onder elkaar.

tabstops op liniaal

De tabstops staan aangegeven op de liniaal. Als we met tabs gaan werken, is het verstandig de liniaal aan te zetten (gebruik de optie Liniaal in het menu Beeld). Op de liniaal worden de tabstops aangegeven door driehoekjes (rechthoekige driehoek met de schuine zijde rechtsboven) direct onder de balk met de centimeters.

Een druk op de Tab-toets doet niets meer dan de invoegpositie verplaatsen naar de volgende tabstop. Tikken we na de tab tekst in die niet helemaal op de regel past, dan springt de invoegpositie aan het eind van de regel gewoon naar het begin van de volgende regel. Willen we in dat geval dat de invoegpositie naar dezelfde positie gaat als de regel erboven, dan moeten we de functie Inspringen gebruiken.

inspringen

Ook de functie Inspringen maakt gebruik van de tabstops. In tegenstelling tot een tab, blijft deze functie van kracht tot we op Enter (harde return) drukken. Tot we een harde return invoeren, begint alle tekst die we tikken op dezelfde positie. We gebruiken Inspringen ook om genummerde alinea's op een fraaie manier in een document te plaatsen. De functie Inspringen maakt deel uit van het vervolgmenu Alinea van het menu Layout.

Dit vervolgmenu en het vervolgmenu Regel in het menu Layout bevatten nog enkele van dit soort functies. In figuur 2.9 staan voorbeelden van deze functies.

sprong rechts

Een andere praktische functie is Sprong rechts. Boven aan een brief worden de plaatsnaam en de datum vaak tegen de rechter kantlijn gezet. Dat doen we in WordPerfect met Sprong rechts. Als we deze functie inschakelen (open het menu Layout, kies het vervolgmenu Regel en klik op Sprong rechts), springt de invoegpositie naar de rechter kantlijn. Tikken we vervolgens tekst in, dan zal elk getypt teken op die plaats komen te staan en zullen de voorgaande tekens naar links opschuiven. Deze functie blijft van kracht tot we op Enter drukken.

centreren

Het vervolgmenu Regel heeft nog een functie die we gebruiken om tekst op een andere dan de normale plaats te zetten: Centreren. Deze functie plaats tekst midden tussen de kantlijnen. Als we de functie inschakelen, springt de invoegpositie naar het midden van de regel. Die plaats vormt het midden van de tekst die we vervolgens typen. Deze functie blijft eveneens van kracht tot we op Enter drukken.

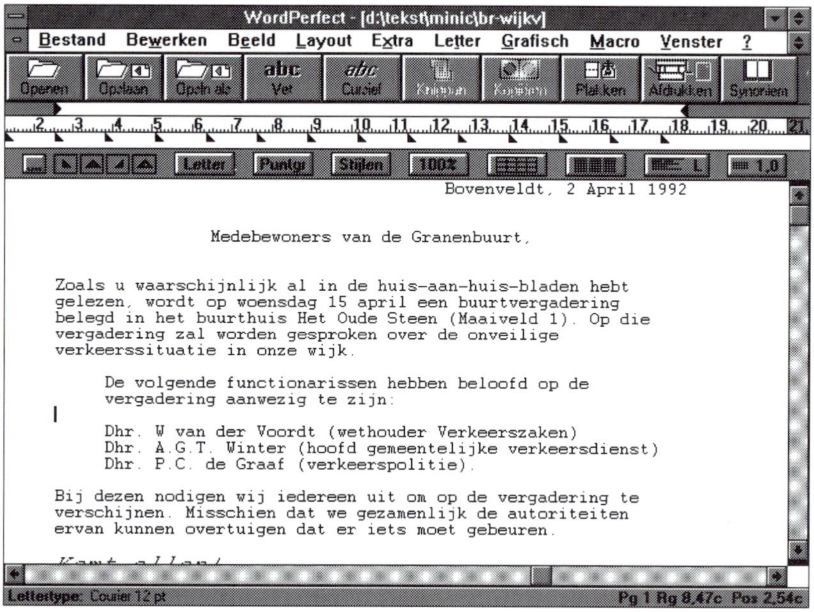

Figuur 2.9 Voorbeelden van verschillende functies voor het opmaken van tekst

Ook van de twee functies uit het vervolgmenu Regel staan voorbeelden in figuur 2.9.

achteraf aanpassen layout

Al deze functies kunnen we ook gebruiken als de regel met tekst al is getypt. In dat geval zetten we de invoegpositie aan het begin van de regel en roepen we de betreffende functie op.

functietoetsen

We hebben tot nu toe beschreven hoe we deze functies activeren met behulp van de muis. Het is misschien handig van functies die regelmatig worden gebruikt, de bijbehorende toets of toetsencombinatie te leren, bijvoorbeeld inspringen met F7 (de toetsen staan in de menu's achter de functies).

Opdracht 2.13

Werken met opmaakfuncties

- Ga naar het begin van het document en druk twee keer op Enter
- Ga weer terug naar de eerste regel.
- Open het vervolgmenu Regel in het menu Layout en klik op Sprong rechts.
- Typ Bovenveldt, 2 April 1992 Enter
- Verplaats de invoegpositie naar de spatie achter de dubbele punt in de tweede alinea. Verwijder deze spatie en druk twee keer op Enter

- Open het vervolgmenu Alinea in het menu Layout en klik op Inspringen.
- Verplaats de invoegpositie naar de spatie achter de komma, verwijder deze spatie en de komma en druk op Enter en vervolgens op F7
- Verplaats de invoegpositie naar het woordje `en`. Verwijder dit woord (met Ctrl-Backspace) en de spatie ervoor, druk op Enter en laat ook deze regel inspringen.
- Sla het document op.
- Activeer het lege documentvenster (druk op Ctrl-F6 of gebruik het menu Venster).
- Open het menu Layout, klik op Regel en vervolgens op Centreren. De invoegpositie springt naar het midden van de regel.
- Typ ** Agenda ** en druk twee keer op Enter
- Typ De vergadering begint om 20.00 uur.Enter Enter
- Sla dit document op onder de naam agenda

2.11 Uitlijning

links uitlijnen

De uitlijning bepaalt hoe tekst op een pagina wordt afgedrukt. Standaard wordt tekst links uitgelijnd, wat wil zeggen dat de tekst strak tegen de linker kantlijn wordt geplaatst. Tegen de linker kantlijn staat de tekst recht onder elkaar, maar aan de rechter kantlijn eindigen de regels op verschillende posities.

uitvullen

We kunnen tekst ook uitvullen. De tekst staat dan strak tegen beide kantlijnen. In de meeste boeken (ook in dit boek) is de tekst uitgevuld. In grote documenten is dat het mooist, maar in korte documenten, zoals een brief of een memo, is het beter de tekst niet geheel uit te vullen.

rechts uitlijnen

De functie Uitlijning maakt deel uit van het menu Layout. Kiezen we in dit menu de optie Uitlijning, dan verschijnt er een vervolgmenu. Naast de twee al genoemde opties (Links en Uitvullen), bevat dit menu er nog twee: Rechts en Centreren. De optie Rechts zorgt ervoor dat de tekst strak wordt uitgelijnd tegen de rechter kantlijn. De linker kantlijn blijft dan rafelig. Dit is dus net zoiets als Sprong rechts, alleen heeft die functie slechts betrekking op één regel.

centreren

Ook de optie Centreren heeft een tegenhanger die alleen van toepassing is op één regel. Kiezen we bij uitvullen echter voor Centreren, dan wordt alle volgende tekst midden tussen de kantlijnen geplaatst tot we weer een andere optie kiezen in het menu Uitlijning.

Deze laatste twee opties worden eigenlijk nooit gebruikt voor een heel document, maar alleen voor één of enkele alinea's.

uitlijning veranderen

Stellen we een andere uitlijning in, dan zet het programma een code in het document. Het staat ons vrij op een andere plaats weer een nieuwe uitlijning in te stellen. We kunnen bijvoorbeeld één alinea centreren en aan het einde van de alinea weer de uitlijning instellen die we voor de rest van het document gebruiken.

Opdracht 2.14

Uitlijning wijzigen

- Ga naar het document br-wijkv.
- Zet de invoegpositie aan het begin van het document.
- Kies Uitlijning in het menu Layout.
- Klik op Uitvullen. De alinea's worden nu zo geplaatst dat ze een strakke linker en rechter kantlijn hebben.

2.12 Weergave van tekst

weergave veranderen

Tekst hoeft er niet altijd hetzelfde uit te zien. We kunnen bepaalde woorden of tekstfragmenten benadrukken door een andere weergave te gebruiken. We kunnen tekst bijvoorbeeld **vet** of *cursief* maken of <u>onderstrepen</u>. In dat geval spreken we van weergave-attributen.

mogelijkheden van printer

De gevolgen van al deze weergave-attributen zijn afhankelijk van de mogelijkheden van de printer. Een laserprinter kan alle mogelijke attributen afdrukken, maar op een eenvoudige matrixprinter is het niet altijd mogelijk tekst cursief of onderstreept af te drukken.

Als we een woord of een stuk tekst willen voorzien van een weergave-attribuut, moeten we beginnen met het inschakelen van de functie. Deze functies maken deel uit van het menu Letter.

cursief

Stel dat we enkele woorden cursief (dat wil zeggen schuin) willen afdrukken. Dat gaat als volgt:

- We openen het menu Letter.
- Vervolgens klikken we op Cursief.
- Nu tikken we de tekst in die cursief afgedrukt moet worden.
- We openen nogmaals het menu Letter en klikken weer op Cursief.

vet en onderstrepen

De functies Vet en Onderstrepen worden op dezelfde manier aan- en uitgezet.

normaal

Wanneer we het menu Letter openen, zien we ook nog een optie Normaal. Deze optie is in eerste instantie voorzien van een √-teken. Dat betekent dat er geen bijzonder attribuut actief is. Hebben we net een woord cursief gemaakt, dan keren we terug naar de normale letter door op deze optie te klikken. Deze optie is met name handig als we meer dan één bijzonder attribuut hebben aangezet. We schakelen dan alle attributen in een keer uit door op Normaal te klikken.

toetsencombinaties voor weergave-attributen

Verder zien we in het menu Letter dat we Vet, Cursief en Onderstrepen ook aan en uit kunnen zetten met behulp van een toetsencombinatie, namelijk Ctrl-V voor Vet, Ctrl-C voor Cursief en Ctrl-O voor Onderstrepen. Voor terug naar Normaal gebruiken we Ctrl-N. Tijdens het typen van tekst is het vaak handiger om deze toetsencombinaties te gebruiken in plaats van de functies aan en uit te zetten via het menu. De functie Vet maakt ook deel uit van de standaard knoppenbalk.

onzichtbare codes

Deze functies zetten onzichtbare codes in de tekst. Als we een functie aanzetten, zet WordPerfect een begin- en een eindcode voor het betreffende attribuut in de tekst. De invoegpositie staat tussen beide codes. Tikken we tekst in, dan komt die tekst tussen de codes te staan. We schakelen het attribuut ook uit door een keer op → te drukken. De invoegpositie wordt dan voorbij de eindcode geplaatst.

Later zullen we zien dat het ook mogelijk is bestaande tekst te voorzien van een weergave-attribuut zonder dat we de tekst opnieuw hoeven te typen.

Opdracht 2.15

Weergavefuncties toepassen

- Ga naar het document agenda.
- Zet de invoegpositie op de `2` van `20.00 uur` en verwijder de rest van de regel door op Ctrl-Del te drukken.
- Druk op Ctrl-V. Tekst die we nu typen, wordt vet weergegeven.
- Typ acht uur
- Open het menu Letter (voor Vet staat een √) en klik op Vet. Zet een punt en een spatie aan het einde van de zin.
- Typ De zaal gaat open om half acht.

2.13 Grootte van tekst

Het is niet alleen mogelijk de weergave van tekst te wijzigen, ook de grootte kan worden veranderd. We kunnen tekst zowel groter als kleiner dan normaal maken. Het is wel afhankelijk van de printer of de verschillende grootten ook daadwerkelijk worden afgedrukt. Laserprinters zijn in staat elke grootte af te drukken, maar dat geldt niet voor alle matrixprinters.

lettergrootte wijzigen

Het instellen van een andere grootte gaat op min of meer dezelfde manier als het wijzigen van de weergave. In het menu Letter staat de optie Grootte. Na het kiezen van deze optie krijgen we een vervolgmenu. Een andere manier om het vervolgmenu op te roepen is: op Ctrl-G drukken. Het menu biedt de volgende mogelijkheden: Heel klein, Klein, Groot, Zeer groot en Extra groot. Net als de weergavefuncties zetten deze functies een begin- en een eindcode in het document.

Willen we bijvoorbeeld een titel in een document Groot afdrukken, dan moeten we de volgende stappen uitvoeren:

- In het menu Letter kiezen we voor Grootte.
- Vervolgens klikken we op Groot en typen de titel.

Om de ingestelde grootte weer uit te schakelen herhalen we deze stappen, maar we kunnen ook gewoon op → drukken om de invoegpositie voorbij de eindcode te verplaatsen.

Het is natuurlijk mogelijk functies voor het wijzigen van de grootte te combineren met functies voor het veranderen van de weergave. We moeten dan gewoon alle benodigde stappen voor beide instellingen uitvoeren voordat we beginnen met typen.

Opdracht 2.16

De functies voor Grootte toepassen

- Verwijder het woord `Agenda`.
- Kies Grootte in het menu Letter (of druk op Ctrl-G).
- Klik op Groot.
- Typ Agenda, gevolgd door spatie
- Ga naar het andere document.
- Zet de invoegpositie op de lege regel na de laatste alinea en druk op Enter
- Kies Grootte in het menu Letter (of druk op Ctrl-G).
- Klik op Zeer groot.
- Kies Cursief in het menu Letter.
- Druk op Ctrl-O en typ Komt allen!
- Druk op End om de invoegpositie voorbij de drie eindcodes (voor Zeer groot, Cursief en Onderstrepen) te zetten en druk vervolgens op Enter

2.14 Afdrukken

tekst afdrukken

We hebben nu geleerd hoe we een document moeten maken, hoe we het kunnen opslaan en opnieuw openen. We hebben geleerd hoe we tekst invoeren en verwijderen en hoe we functies kunnen gebruiken voor het plaatsen van tekst op de pagina en voor het wijzigen van weergave en grootte. Het uiteindelijke doel van een tekstverwerkingsprogramma is echter het op papier zetten van tekst. En daar hebben we de printer voor nodig.

Als de printer is aangesloten en het papier juist is ingesteld, is het afdrukken niet moeilijk meer. Willen we het actieve document afdrukken, dan moeten we in het menu Bestand op Afdrukken klikken. Op het scherm verschijnt dan het dialoogvenster dat is afgebeeld in figuur 2.10.

hele document

We zien dat in het vak met de titel Opties het keuzerondje Hele document is geselecteerd. We hoeven dus alleen nog maar op de knop Afdrukken te klikken om het actieve document te printen.

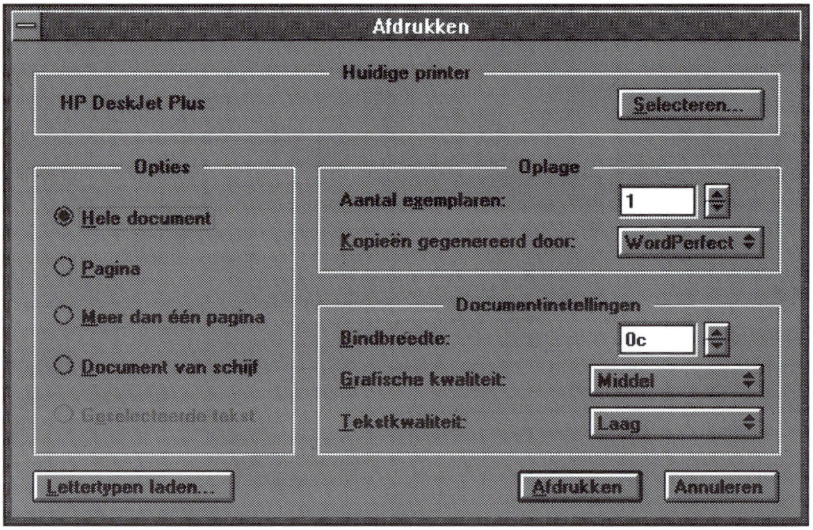

Figuur 2.10 Het dialoogvenster Afdrukken

één pagina

meer dan één pagina

Er zijn ook opties beschikbaar om alleen de actieve pagina (de pagina waar de invoegpositie staat) af te drukken of om een aantal pagina's af te drukken. Klikken we op het keuzerondje Pagina en vervolgens op Afdrukken, dan wordt de actieve pagina geprint. Kiezen we Meer dan één pagina en klikken we op OK, dan verschijnt er een volgend dialoogvenster waarin we kunnen specificeren welke pagina's van het actieve document we willen afdrukken. We kunnen dan enkele pagina's printen door de paginanummers gescheiden door komma's op te geven (bijvoorbeeld 1,3,12) of een reeks pagina's door de eerste en laatste pagina op te geven met een streepje ertussen (bijvoorbeeld 8-17). Hebben we dat gedaan, dan klikken we op Afdrukken om de opgegeven pagina's naar de printer te sturen.

venster Huidige afdruktaak

Welke optie we ook instellen, nadat we op Afdrukken hebben geklikt, verschijnt het venster `Huidige afdruktaak`. Daarin staat informatie over de zojuist gegeven opdracht. Ook als er onverhoopt iets fout is gegaan, staat hier wat de oorzaak zou kunnen zijn en wat een mogelijke oplossing is. De oorzaak kan bijvoorbeeld zijn dat de printer geen papier meer heeft.

Opdracht 2.17

Een document afdrukken

- Zorg dat het document met de brief op het scherm staat.
- Kies Afdrukken in het menu Bestand.

- Controleer of bij Opties het juiste keuzerondje is geselecteerd. Omdat de brief uit slechts één pagina bestaat, kan dat zowel Hele document als Pagina zijn.
- Klik op Afdrukken.
- Sluit WordPerfect voor Windows af.

2.15 Herhalingsopdracht

De buurtvereniging houdt zich niet alleen bezig met zaken als de verkeerssituatie, maar organiseert ook andere activiteiten. Zo wordt er jaarlijks een barbecue gehouden.

- Start WordPerfect voor Windows.
- Zet de volgende regel gecentreerd en onderstreept boven aan de pagina: Buurt-barbecue 21 augustus 1993
- Druk drie keer op Enter
- Typ de volgende tekst:

Op vrijdag 21 augustus organiseert de buurtvereniging weer de jaarlijkse barbecue. Net als voorgaande jaren rekenen we er ook dit jaar weer op dat u allen in grote getale zult komen. Wel vragen we iedereen het bijgevoegde formulier in te vullen en in te leveren bij fietsenmaker Van Vliet, zodat we weten hoeveel we moeten inkopen. De kosten zijn dit jaar mede door de gulle gaven van de sponsors weer erg laag: vijf gulden per persoon. Deze kunnen bij inlevering van het formulier worden voldaan.

- Sla het document op onder de naam barbecue en beëindig het werken met WordPerfect voor Windows.
- Start WordPerfect voor Windows opnieuw en open het document barbecue.

Helaas zijn er enkele foutjes in de brief geslopen. De barbecue wordt niet gehouden op 21 augustus, maar op 25 augustus en de formulieren moeten niet worden ingeleverd bij de fietsenmaker, maar bij koopjespaleis Appel en Ei.

- Verbeter deze fouten en zet vervolgens de invoegpositie aan het einde van het document.
- Druk tweemaal op Enter, typ de volgende zin en laat deze inspringen:

De buurtvereniging heeft de volgende bedrijven bereid gevonden de barbecue te sponsoren:

- Druk twee keer op Enter en zet de volgende namen gecentreerd onder elkaar: Slagerij Morgen, IJzerhandel Padjes, Wijnhandel De Gouden Tros, De Huishoudbeurs, Supermarkt Olieslager, Garage de Hoefsmid en Bar de Tap.
- Voeg weer een lege regel in en typ:

Als iedereen komt, zal het ongetwijfeld weer net zo gezellig worden als vorig jaar. Denk er wel aan het formulier voor 15 augustus in te leveren.

Hoe meer zielen, hoe meer vreugd.

De buurtvereniging.

- Druk op Enter en laat de laatste twee zinnen alsnog één tabpositie inspringen.
- Druk het document af.
- Sla het document op en sluit het werken met WordPerfect voor Windows af.

3 Verder gaan

In dit hoofdstuk breiden we de in hoofdstuk 2 opgedane kennis uit. We leren hoe we:

- ✓ *tekst moeten selecteren en wat we allemaal met geselecteerde tekst kunnen doen;*
- ✓ *andere lettertypen gebruiken;*
- ✓ *tabs en kantlijnen wijzigen met de liniaal;*
- ✓ *codes bekijken en verwijderen;*
- ✓ *zoeken en vervangen;*
- ✓ *de spelling van een document controleren;*
- ✓ *illustraties in de tekst opnemen.*

3.1 Tekst selecteren

selecteren van tekst

Het selecteren van tekst is een techniek die voor heel veel zaken in WordPerfect voor Windows wordt gebruikt. Zo kunnen we geselecteerde tekst kopiëren of verplaatsen, vet maken, een andere lettergrootte geven, opslaan in een bestand en nog veel meer.

slepen van de muis

Al eerder is verteld dat wanneer we de muis verplaatsen terwijl de muisknop is ingedrukt, onder aan het scherm de melding `Selecteren aan` komt te staan. Eén van de methoden voor het selecteren van tekst bestaat dan ook uit het slepen van de muis. Met slepen bedoelen we: de muis verplaatsen terwijl we de muisknop ingedrukt houden. Als we de invoegpositie ergens binnen de tekst zetten, de muisknop indrukken en de invoegpositie verplaatsen, wordt het deel van de tekst dat we met de aanwijzer 'passeren', invers weergegeven. Die inverse tekst noemen we: geselecteerde tekst. Het op deze wijze selecteren van tekst vereist een zekere vaardigheid die wordt verkregen door veel te oefenen.

dubbelklikken

drie keer klikken

vier keer klikken

Er bestaan gelukkig nog meer methoden om tekst te selecteren. We selecteren een woord door de invoegpositie naar het gewenste woord te verplaatsen en te dubbelklikken. Een zin selecteren we door de invoegpositie binnen de zin te zetten en drie keer te klikken (drie keer snel achter elkaar op de muisknop te drukken). Klikken we vier keer snel achter elkaar, dan wordt de hele alinea waar de invoegpositie zich bevindt, geselecteerd.

Figuur 3.1 Geselecteerde tekst wordt invers getoond

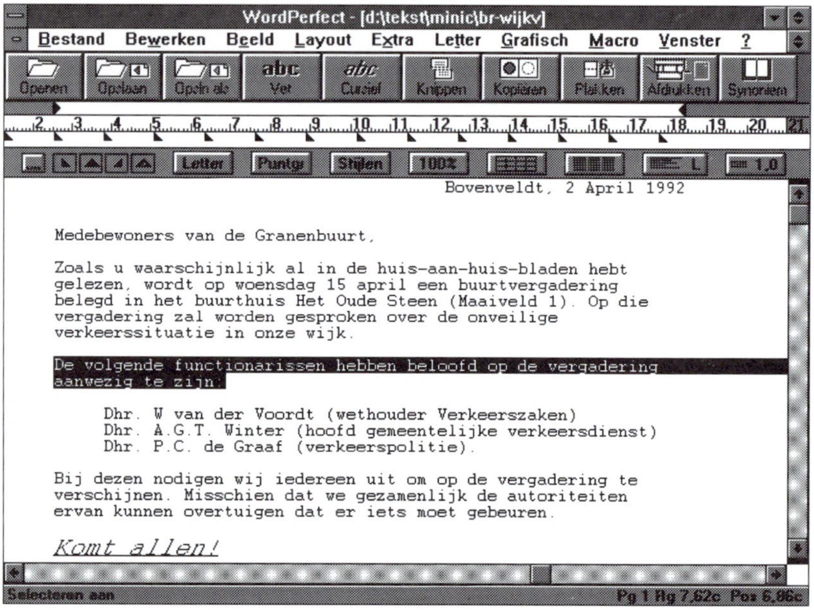

selecteren met F8

Het is ook mogelijk tekst te selecteren met behulp van het toetsenbord. Omdat selecteren met de muis niet eenvoudig is, besteden we ook aandacht aan deze methode. We verplaatsen de invoegpositie naar het begin van de tekst die we willen selecteren. Vervolgens drukken we op F8. Op de onderste regel verschijnt het woord `Selecteermodus`. We verplaatsen dan met behulp van de cursorbesturingstoetsen de invoegpositie naar het einde van de tekst die we willen selecteren.

selecteren met toetsencombinaties

Tenslotte beschikt het programma over een hele reeks toetsencombinaties waarmee een bepaald deel van de tekst kan worden geselecteerd. In alle gevallen geldt de invoegpositie als uitgangspunt. Deze toetsencombinaties staan allemaal in tabel 3.1.

Tabel 3.1 Toetsencombinaties voor het selecteren van tekst

Toetsencombinatie	*Selecteert*
Shift-→	volgende teken
Shift-←	vorige teken
Shift-Ctrl-→	tot begin volgende woord
Shift-Ctrl-←	tot begin (vorige) woord
Shift-Home	tot begin van regel
Shift-End	tot einde van regel

Shift-↑	tot dezelfde positie op vorige regel
Shift-↓	tot dezelfde positie op volgende regel
Shift-Ctrl-↑	tot begin van (vorige) alinea
Shift-Ctrl-↓	tot begin van volgende alinea
Shift-PgUp	tot vorig scherm
Shift-PgDn	tot volgend scherm
Shift-Alt-Home	tot bovenzijde van pagina
Shift-Alt-End	tot onderzijde van pagina
Shift-Alt-PgUp	tot vorige pagina
Shift-Alt-PgDn	tot volgende pagina
Shift-Ctrl-Home	tot begin van document
Shift-Ctrl-End	tot einde van document

selectie opheffen

Welke methode we ook gebruiken voor het selecteren van tekst, in alle gevallen geldt dat de selectie van kracht blijft tot we een keer ergens binnen het tekstvenster klikken met de muis of de invoegpositie verplaatsen met de cursorbesturingstoetsen. Hebben we de tekst geselecteerd door de selecteermodus in te schakelen, dan moeten we de invoegpositie verplaatsen met de muis. In dit laatste geval kunnen we de selecteermodus ook uitschakelen door op F8 te drukken.

Opdracht 3.1

Tekst selecteren

- Start WordPerfect voor Windows.
- Open het bestand br-wijkv.
- Selecteer het woord `waarschijnlijk` met de cusrorbesturingstoetsen door de invoegpositie aan het begin van het woord te zetten en op Shift-Ctrl-→ te drukken.
- Selecteer nu ook de volgende drie woorden.
- Hef de selectie op.
- Selecteer de zin die begint met `Bij dezen...` door de invoegpositie binnen de zin te zetten en driemaal te klikken.
- Hef de selectie op.
- Selecteer de naam van de wethouder door met de muis te slepen. Doe vervolgens hetzelfde met de namen van de beide andere heren.
- Probeer zoveel mogelijk toetsencombinaties uit tabel 3.1 uit.

3.1.1 Geselecteerde tekst verplaatsen of kopiëren

Twee heel belangrijke mogelijkheden van een tekstverwerkingsprogramma zijn de functies voor het kopiëren en verplaatsen van tekst.

verplaatsen tekst

Bij het verplaatsen van tekst verwijderen we een stuk tekst uit een document om dat op een andere plaats in hetzelfde document of in een ander document weer tevoorschijn te laten komen. Dat verwijderen noemen we knippen en het weer tevoorschijn halen noemen we plakken.

knippen en plakken

kopiëren tekst

Kopiëren is net iets anders. De geselecteerde tekst verschijnt dan niet alleen op de nieuwe positie, maar blijft ook op de oorspronkelijke plaats staan.

Klembord

In beide gevallen wordt de geselecteerde tekst op het zogenaamde Klembord geplaatst. Het Klembord is een faciliteit van Windows. Tekst die we in het Klembord zetten, kunnen we niet alleen in WordPerfect, maar ook in andere programma's voor Windows tevoorschijn halen.

De functies Knippen, Kopiëren en Plakken maken deel uit van het menu Bewerken. Deze functies beschikken echter ook allemaal over een knop op de knoppenbalk.

Om een stuk tekst te verplaatsen of te kopiëren moeten we dus het volgende doen:

1. De gewenste tekst selecteren door de aanwijzer aan het begin te zetten en de muis met ingedrukte muisknop naar het einde te slepen.
2. Knippen of Kopiëren in het menu Bewerken kiezen (of de knoppen op de knoppenbalk gebruiken).
3. De aanwijzer naar de plek in het document verplaatsen waar de tekst moet verschijnen.
4. Plakken in het menu Bewerken kiezen (of de knop Plakken op de knoppenbalk gebruiken).

Zolang we geen andere tekst op het Klembord zetten, kunnen we blijven doorgaan met het 'inplakken' van de tekst. De tekst blijft op het Klembord aanwezig tot we opnieuw de functies Knippen of Kopiëren gebruiken.

Opdracht 3.2

Knippen, kopiëren en plakken

- Open het bestand agenda en ga naar het einde van het document.
- Typ Openingswoord door de voorzitter van de wijkraad, Dhr. Piet Avinga.(Enter)(Enter)
- Typ Inleiding over het verkeersbeleid door, gevolgd door (spatie)
- Ga naar het andere document (via het menu Venster of druk op (Ctrl)-(F6)).
- Zet de invoegpositie op de `D` van `Dhr. W. van der Voordt.`
- Selecteer de regel vanaf de `D` tot aan het einde.
- Kies Kopiëren in het menu Bewerken (of gebruik de knop op de knoppenbalk).
- Keer terug naar het document agenda.
- Kies Plakken in het menu Bewerken (of gebruik de knop op de knoppenbalk).
- Zet een punt achter de zin en druk tweemaal op (Enter)
- Typ Situatieschets door buurtbewoner Steef Amihou. en druk tweemaal op (Enter)
- Typ Verhandeling over de succesvolle aanpak van het verkeersprobleem in de Kerkbuurt door Dhr. Van Oostgaarde.
- Druk drie keer op (Enter), typ Pauze: tijd voor een kopje koffie. en druk nogmaals drie keer op (Enter)
- Typ Paneldicussie. In het panel hebben zitting: en druk op (Enter)
- Zet nu met behulp van de functies Kopiëren en Plakken de volgende namen één tabpositie vanaf de linker kantlijn onder elkaar (kopieer de eerste drie in één keer uit document br-wijkv): P.C. de Graaf, W. van der Voordt, A.G.T. de Winter, Steef Amihou, Dhr. Van Oostgaarde en Piet Avinga.
- Haal de tekst tussen haakjes achter de eerste drie namen weg door die tekst te selecteren en te verwijderen. Zet achter Piet Avinga tussen haakjes het woord voorzitter
- Sla het document op.

3.1.2 Uiterlijk van geselecteerde tekst wijzigen

weergave geselecteerde tekst wijzigen

We kunnen met geselecteerde tekst veel meer doen dan alleen verplaatsen of kopiëren. We kunnen reeds aanwezige tekst ook voorzien van een weergave-attribuut door de tekst eerst te selecteren en vervolgens het gewenste attribuut in te schakelen.

Dit gaat heel eenvoudig:

- We selecteren de tekst die moet worden voorzien van een attribuut of die een andere grootte moet krijgen.
- We openen het menu Letter (en eventueel het vervolgmenu Grootte) en klikken op de gewenste optie. Het is natuurlijk ook mogelijk om op de toetsencombinatie te drukken voor het gewenste attribuut. Ook het menu Grootte kan door middel van een toetsencombinatie worden opgeroepen, maar dan moet er nog wel een optie worden gekozen.

hoofdletters en kleine letters

Geselecteerde tekst kan in één keer worden omgezet in allemaal hoofdletters of allemaal kleine letters. Dat laatste is handig als er tekst is ingevoerd terwijl de toets CapsLock actief was. (Die toets heeft tot gevolg dat alle lettertoetsen een hoofdletter opleveren, zonder dat we op Shift hoeven te drukken.) Het omzetten van geselecteerde tekst in hoofdletters of kleine letters gaat met de optie Letteromzetting in het menu Bewerken. Kiezen we deze optie, dan verschijnt er een klein vervolgmenu. In dat menu kiezen we Hoofdletters of Kleine letters.

achteraf centreren

Wat we ook kunnen doen, is een hele alinea selecteren en vervolgens de uitlijning voor die alinea wijzigen. Dat is handig als we bijvoorbeeld een alinea willen centreren. Zet de invoegpositie bij het begin van de alinea en sleep de muis naar het einde van de laatste regel van de alinea. Open vervolgens het menu Layout en kies Uitlijning. Klik in het vervolgmenu dat verschijnt, op Centreren. Het is ook mogelijk om na het selecteren van de alinea op Ctrl-C te drukken.

Ook hier geldt dat nadat we een bewerking hebben uitgevoerd op geselecteerde tekst, die tekst geselecteerd (invers) blijft. Om de tekst weer op de gewone manier te laten tonen hoeven we alleen maar een keer ergens binnen het tekstvenster te klikken.

Opdracht 3.3

Het uiterlijk van geselecteerde tekst wijzigen

- Selecteer het woord `Agenda` en zet alle letters van het woord met behulp van de functie Letteromzetting om in hoofdletters.
- Maak alle namen in het deel voor de pauze cursief.
- Onderstreep de regel die begint met `Pauze`.
- Maak het woord `Paneldiscussie` vet.
- Centreer de lijst met zes namen.

3.2 Onzichtbare codes

We hebben al verschillende keren gezien dat bepaalde functies codes in de tekst plaatsen. Een aantal functies zet één code in de tekst, andere werken met een begin- en een eindcode. Tabel 3.2 bevat een overzicht van een aantal van die codes.

onzichtbare codes

Tabel 3.2 Onzichtbare codes

Functie		
Algemene codes		
Harde return	[HRt]	
Zachte return	[ZRt]	
Harde paginascheiding	[HPg]	
Zachte paginascheiding	[ZPg]	
Weergave en grootte	Begincode	Eindcode
Vet	[Vet aan]	[Vet uit]
Cursief	[Cursief aan]	[Cursief uit]
Onderstrepen	[Ond aan]	[Ond uit]
Heel klein	[Heel klein aan]	[Heel klein uit]
Klein	[Klein aan]	[Klein uit]
Groot	[Groot aan]	[Groot uit]
Zeer groot	[Zeer groot aan]	[Zeer groot uit]
Extra groot	[Extra groot aan]	[Extra groot uit]
Layout	Code	Van kracht tot
Inspringen	[Inspr]	volgende harde return
Sprong rechts	[Spr rechts]	volgende harde return
Centreren	[Centr]	volgende harde return
Kantlijn opheffen	[Kntl oph]	volgende harde return
Uitlijning	[Uitl:....]	volgende code voor uitlijning

Als we de invoegpositie verplaatsen, merken we gewoonlijk weinig van deze codes. Verplaatsen we de invoegpositie met de pijltoetsen, dan gebeurt er niets waar uit op te maken valt dat we een code passeren. We zien natuurlijk wel dat er ergens een code staat omdat de weergave van de tekst verandert of omdat de layout er anders uitziet. Ook de algemene codes voor een harde return en een harde paginascheiding vallen natuurlijk wel op. Van deze laatste codes komen ook enkele bijzondere versies voor. Staat op de laatste regel van een pagina een harde return, dan worden de codes voor een zachte paginascheiding en een harde return samengevoegd tot [HRt-ZPg]. Staat er een harde return op de eerste regel van een pagina, dan krijgt die de code [Passieve HRt]. Op die manier wordt voorkomen dat een pagina begint met een lege regel.

[HRt-ZPg]
[Passieve HRt]

Het is natuurlijk makkelijk als we die codes ook zichtbaar kunnen maken. Dat gaat met de functie Codes weergeven in het menu Beeld.

3.2.1 Codes zichtbaar maken

codes weergeven

Als we het menu Beeld openen en vervolgens op Codes weergeven klikken, wordt het tekstvenster in twee delen gesplitst. Het bovenste deel bevat gewoon de tekst die we hebben ingevoerd, maar het onderste deel ziet er nu opeens heel anders uit. De tekst bestaat uit een ander lettertype en tussen de tekst zijn overal codes zichtbaar (zie figuur 3.2). Het teken bij de invoegpositie wordt ook duidelijk weergegeven. We kunnen in beide delen van het scherm klikken om de invoegpositie te verplaatsen.

Er zijn diverse zaken die direct opvallen. Elke regel eindigt bijvoorbeeld op een code voor een zachte of harde return. Van de opmaak die in het bovenste deel van het scherm zichtbaar is, is in het onderste deel niets te zien.

codes zichtbaar maken

De dikke streep die de beide delen van elkaar scheidt, kunnen we verplaatsen. Als we de invoegpositie precies over de streep plaatsen, verandert die van vorm, namelijk in een dubbele pijl omhoog en omlaag. Op dat moment drukken we de rechter muisknop in en slepen de streep naar een andere hoogte op het scherm. Dat kan handig zijn als er erg veel codes in de tekst staan (dan vergroten we het onderste deel) of als we de codes zo nu en dan wel willen zien, maar verder gewoon bezig zijn met het intikken van tekst (we vergroten dan juist het bovenste deel).

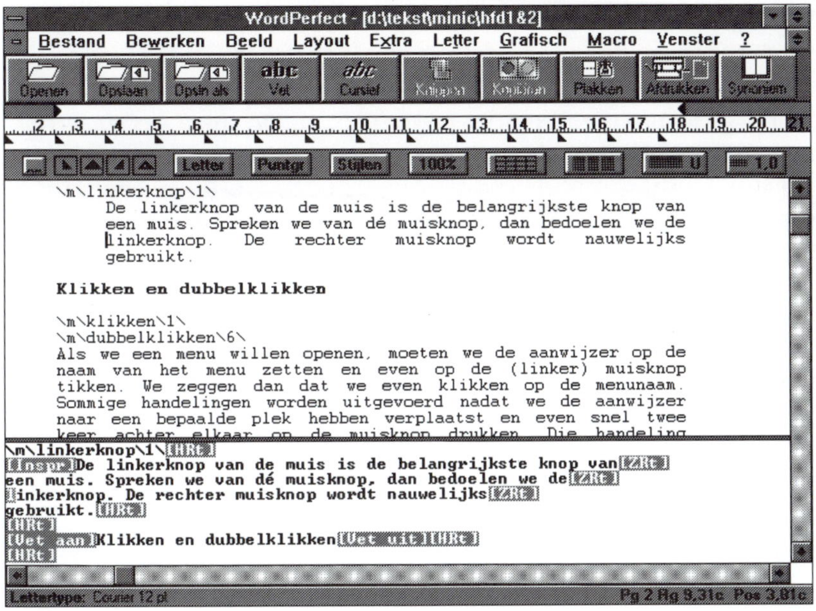

Figuur 3.2 Het scherm wanneer de functie Codes weergeven actief is

Opdracht 3.4

Codes bekijken

- Open eventueel het document agenda.
- Zet de functie Codes weergeven aan.
- Zoek de codes voor Cursief (aan en uit) en Centreren.
- Kijk hoe aan het einde van het document Centreren weer wordt uitgezet door weer links uit te lijnen.
- Sleep de dikke lijn die het scherm in tweeën deelt omlaag, zodat het deel waarin de codes worden weergegeven nog maar ongeveer één derde van het scherm in beslag neemt.
- Zet de functie Codes weergeven weer uit.

3.2.2 Codes verwijderen

verwijderen codes in tekstvenster

Een groot aantal codes kunnen we in het tekstvenster verwijderen door de invoegpositie op de betreffende plaats te zetten en op Del of Backspace te drukken. Bijvoorbeeld, als we weten dat een regel eindigt op een harde return, verplaatsen we de invoegpositie naar het einde van die regel en drukken op Del. Hebben we een alinea laten inspringen, dan zetten we de invoegpositie aan het begin van de tekst van die alinea en drukken op Backspace om de code voor inspringen te verwijderen.

verwijderen codes in Codes weergeven

In een aantal gevallen is het echter makkelijker om de functie Codes weergeven aan te zetten en de codes in het onderste deel van het scherm te verwijderen. Met name de codes voor weergave en grootte verwijderen we eigenlijk alleen maar op deze manier. We verplaatsen de aanwijzer dan naar de gewenste code en klikken eenmaal met de muisknop. De code wordt op een andere manier weergegeven. Hebben we dat gedaan, dan verwijderen we de code door op Del te drukken.

Als we het scherm weer helemaal voor tekst willen gebruiken, moeten we de functie Codes weergeven uitzetten via het menu Beeld. Het is ook mogelijk om de streep die het scherm in twee delen verdeelt, helemaal omlaag te slepen.

Opdracht 3.5

Codes verwijderen

- Open eventueel het document agenda.
- Zet de invoegpositie aan het begin van de regel die begint met `Pauze`. Op de statusregel wordt het lettertype onderstreept getoond. (Als dat niet het geval is, druk dan op → om de invoegpositie voorbij de code te zetten). De invoegpositie staat nu tussen de code en de eerste letter van de regel.
- Druk op Bs om de code te verwijderen.
- Zet Codes weergeven aan en controleer of ook de code voor Onderstrepen uit is verdwenen.
- Verwijder nu de code `[Uitl: Centreren]`.
- Controleer of de code aan het einde van het document voor Uitlijnen: Links ook verdwenen is. Dat is niet het geval, want deze beide codes vormen geen paar, zoals voor vet aan en vet uit. Omdat we een aantal geselecteerde regels hebben gecentreerd, zijn de regels niet stuk voor stuk gecentreerd, maar is aan het begin de uitlijning gewijzigd in Centreren; aan het einde is deze weer teruggezet in de oorspronkelijke stand, namelijk Links. Deze code is nu wel overbodig geworden, dus kan hij ook worden verwijderd.
- Verwijder deze code en zet Codes weergeven uit.
- Sla het document op.

3.3 Marges

Tekst die is afgedrukt op een vel papier, wordt gewoonlijk aan de boven- en onderzijde en aan de linker- en rechterkant omgeven

witruimte

door witruimte. Deze witruimte wordt bepaald door de marges. In het geval van de linker- en rechtermarge spreken we ook wel over kantlijnen.

standaardinstellingen marges

De kantlijnen staan in WordPerfect voor Windows standaard op 2,54 cm, dat wil zeggen dat aan beide zijden van het papier een ruimte van 2,54 cm niet wordt bedrukt. Ook aan de boven- en onderzijde van het papier wordt een ruimte van 2,54 cm opengelaten. De marges worden dus gerekend vanaf de randen van het papier.

marges wijzigen

We kunnen deze marges wijzigen. In de meeste gevallen zal dat niet nodig zijn, want de standaardwaarden zijn goed gekozen. Willen we echter andere marges instellen, dan moeten we in het menu Layout op Marges klikken. (Het is ook mogelijk om op Ctrl-F8 te drukken.) Het dialoogvenster Marges verschijnt. Dit venster bevat vier invoervakken: één voor elke marge (zie figuur 3.3).

Om te beginnen dubbelklikken we in het vak bij de gewenste soort. We kunnen ook eenmaal klikken om een vak te selecteren, maar dan moeten we de waarde in dat vak eerst verwijderen. Dubbelklikken we in een vak, dan wordt de inhoud geselecteerd weergegeven en kunnen we direct de nieuwe waarde intikken. Nadat we dat hebben gedaan, is het mogelijk op dezelfde manier een volgende waarde te wijzigen. We mogen de overige waarden ook ongewijzigd laten. Als alle marges naar wens zijn ingesteld, klikken we op OK om de nieuwe waarden te bevestigen en terug te keren naar het tekstvenster.

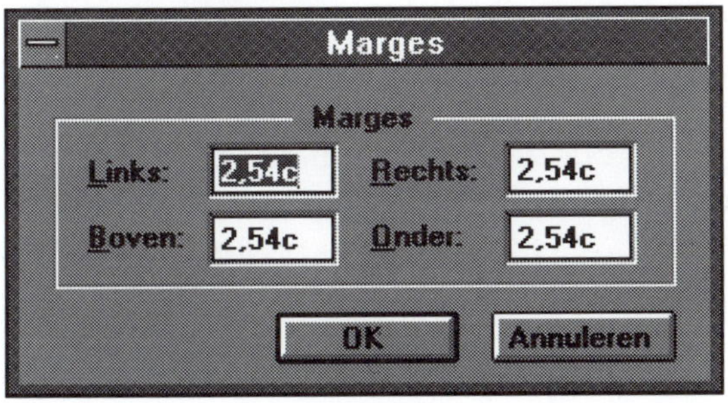

Figuur 3.3 Het dialoogvenster Marges met de standaardinstellingen

Zoals zoveel WordPerfect-functies heeft ook deze functie tot gevolg dat er een onzichtbare code (of eigenlijk twee codes) in het document wordt geplaatst. Hoewel het dialoogvenster ons in staat stelt zowel de linker- en rechtermarge als de boven- en ondermarge in te stellen, zijn de gevolgen van deze instellingen iets anders. De code voor de linker- en rechtermarge wordt gezet aan het begin van de alinea waar de invoegpositie zich bevond toen we de instelling wijzigden. De code voor de boven- en ondermarge komt te staan aan het begin van de pagina waar de invoegpositie stond op het moment dat we de instelling veranderden. Als we slechts de boven- en/of ondermarge wijzigen, wordt alleen een code voor die marges in het document gezet. Veranderen we alleen de linker- en/of rechtermarge, dan wordt een code voor die marges op de juiste plaats in het document gezet.

Opdracht 3.6

Marges wijzigen

- Ga eventueel naar het document agenda.
- Zet de invoegpositie aan het begin van het document.
- Wijzig de linker- en rechtermarge allebei in 3 centimeter en de ondermarge in 4 centimeter.
- Kijk welke gevolgen deze wijzigingen hebben voor het uiterlijk van het document.

3.4 De liniaal

liniaal

Een heel handig hulpmiddel van WordPerfect voor Windows is de liniaal. De liniaal bevat een onderverdeling in centimeters waarop de kantlijnen en de tabs worden getoond (zie figuur 3.4). Als de liniaal nog niet op het scherm staat, open dan het menu Beeld en klik op Liniaal.

uitlijnen met liniaal

De liniaal is voor veel functies te gebruiken. Zo kunnen we met de liniaal tabstops instellen, de kantlijnen (de linker- en rechtermarge) wijzigen en nog veel meer. De liniaal bevat een groot aantal knoppen, die we niet allemaal zullen bespreken. Achter één van die knoppen, de tweede knop van rechts, zit echter een functie waarmee we al eerder kennis hebben gemaakt. Met deze knop stellen we de uitlijning in. Als we op die knop klikken en de muisknop ingedrukt houden, zien we een klein menu verschijnen met de vier mogelijke opties voor uitlijning. We hoeven alleen maar de balk naar de gewenste optie te slepen om die methode voor uitlijning in te stellen.

Opdracht 3.7

De liniaal op het scherm zetten

- Klik in het menu Beeld op Liniaal.

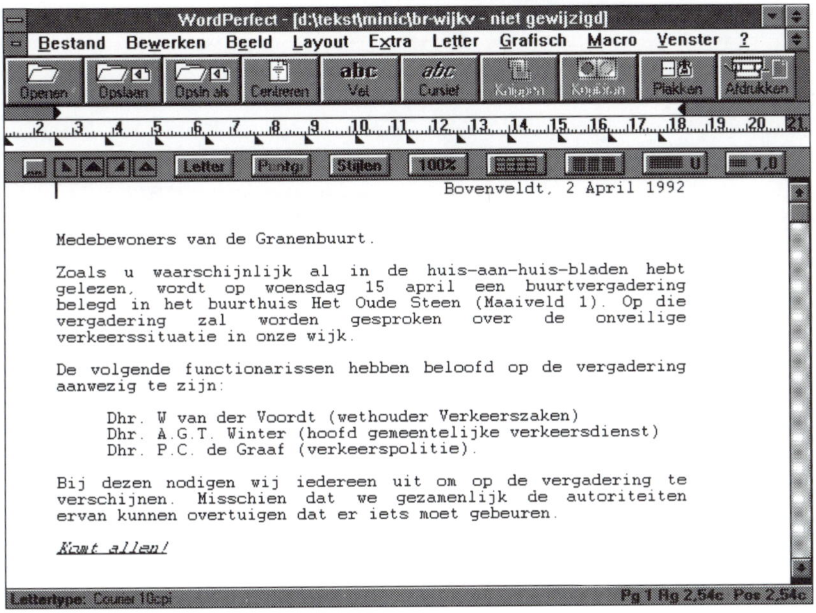

Figuur 3.4 De liniaal op het scherm

3.4.1 De linker- en rechtermarge wijzigen met de liniaal

Boven de maatverdeling in centimeters worden op de liniaal de linker- en rechtermarge weergegeven: de linkermarge door een driehoekje dat naar rechts wijst en de rechtermarge door een driehoekje dat naar links wijst. Zoals eerder is verteld, staan deze marges standaard op 2,54 centimeter vanaf de rand van het vel papier. Bij het papierformaat A4, dat 21 centimeter breed is, staan de marges dus op 2,54 en 18,46 centimeter.

marges wijzigen met liniaal

Willen we een van de marges veranderen, dan klikken we op het desbetreffende driehoekje, houden de muisknop ingedrukt en slepen het driehoekje naar een andere plaats op de liniaal. Als we de gewenste positie hebben bereikt, laten we de muisknop los en staat de marge op een nieuwe plaats. Tijdens het slepen met de muis toont het programma een verticale gestippelde lijn, die aangeeft waar de marge zich op dat moment bevindt (zie figuur 3.5).

Figuur 3.5 Tijdens het slepen van het symbool voor de marge loopt er een verticale lijn mee over het scherm

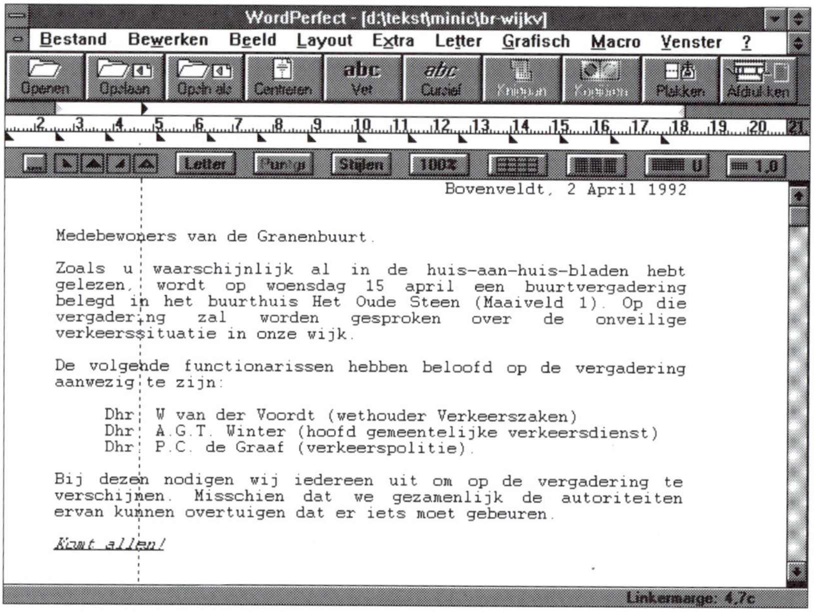

achteraf marges wijzigen

We kunnen dit doen voordat we beginnen met het intikken van tekst, maar ook als het document al tekst bevat, is het mogelijk de marge te verplaatsen. Zeker in dit geval komt de verticale lijn die meeloopt met het slepen van de muis langs de liniaal, goed van pas. We zien dan duidelijk waar de marge terecht zal komen.

De nieuwe instelling is van kracht vanaf het begin van de alinea waar de invoegpositie zich bevond op het moment dat we de marge verplaatsten. Op die plaats komt dan ook de code voor de gewijzigde instelling in het document te staan. Willen we de marges voor het hele document wijzigen, dan moeten we dus eerst de invoegpositie aan het begin van het document zetten. De nieuwe marges blijven gelden tot we ze opnieuw wijzigen.

Opdracht 3.8

Marges wijzigen met de liniaal

- Ga naar het document br-wijkv.
- Zet ook in dit document de liniaal op het scherm.
- Zet de invoegpositie aan het begin van het document.
- Klik op het symbool voor de linkermarge en houd de muisknop ingedrukt.
- Sleep het symbool naar rechts totdat de verticale gestippelde lijn gelijk loopt met de drie ingesprongen regels met

de namen. Laat de muisknop los. We zien dat de linkermarge is veranderd en dat de ingesprongen regels nog steeds in springen.

- Verplaats nu met behulp van de liniaal de rechtermarge ongeveer twee centimeter naar links.
- Schat op welke posities de beide marges nu staan en controleer de juistheid van de schatting met behulp van de functie Codes weergeven.
- Zet Codes weergeven weer uit en sla het document op.

3.4.2 Tabstops wijzigen met de liniaal

Onder de maatverdeling op de liniaal staat een rij driehoekjes, die de posities van de tabstops. Een tabstop is de positie waar de invoegpositie naartoe springt als we op de Tab-toets drukken of als we een functie gebruiken die met de tabstops werkt, zoals de functie Inspringen.

tabstops wijzigen met liniaal

Standaard staan de tabstops in WordPerfect om de 1,27 centimeter vanaf de linkermarge. Alle standaardtabs zijn linkslijnende tabs. Dat wil zeggen, als we met de Tab-toets naar de volgende tabstop springen en vervolgens tekst intikken, verschijnt die tekst rechts van de positie waar we naartoe zijn gesprongen. Als we op die manier een rijtje woorden onder elkaar op dezelfde positie intikken, is dat rijtje aan de linkerkant recht, vandaar linkslijnend.

verschillende soorten tabs

Naast linkslijnende bestaan er nog drie andere soorten tabs: rechtslijnende tabs, centreertabs en decimaaltabs. Voor alle tabs geldt dat ze van kracht zijn op één regel en wel tot het einde van de regel of tot er een harde return wordt ingevoegd.

rechtslijnende tab

Nadat de invoegpositie met een druk op Tab naar een rechtslijnende tab is verplaatst, verschijnt de volgende tekst die we intikken links van de tabpositie. Met deze tabs kunnen we dus een rijtje maken met een strakke rechterkant.

centreertab

De centreertab biedt een bijzonder manier van centreren. Springen we met de tabtoets naar een centreertab, dan wordt de tekst die we vervolgens intikken gecentreerd rond de positie van de tab. Aan beide zijden van de tab komt daarmee evenveel tekst te staan. Met behulp van een centreertab zijn we dus in staat tekst op een andere plaats dan het midden van de regel te centreren.

decimaaltab

De laatste variant van de tabs is de decimaaltab. Met deze tab zetten we een rijtje getallen (of bedragen) zo onder elkaar dat de komma's, die het hele deel en het breukdeel (of de guldens en de centen) van elkaar scheiden, keurig onder elkaar komen te staan. Het deel voor de komma wordt als het ware rechtsgelijnd en het deel achter de komma links.

Zoals gezegd zijn de standaardtabs in WordPerfect linkslijnend. Op de liniaal worden deze voorgesteld door een driehoekje dat naar linksonder wijst. Dat symbool zien we ook in het eerste van de vier vakjes na de eerste knop aan de linkerkant van de liniaal. De volgende drie vakjes stellen respectievelijk de centreertab, de rechtslijnende tab en de decimaaltab voor. Deze vakjes gebruiken we om aan te geven welk type tab we willen instellen.

tab verwijderen

Om te beginnen willen we waarschijnlijk één of meer tabs verwijderen. Dat doen we door de muis naar de tab die we willen verwijderen, te verplaatsen en vervolgens de muisknop in te drukken (het symbool voor de tab verandert van kleur) en de muis van de liniaal af te slepen. De tab is dan verwijderd.

nieuwe tab instellen

Een nieuwe tab plaatsen we eigenlijk op min of meer dezelfde manier op de liniaal. Klik met de muis in het vakje van het gewenste type tab. Sleep de muis vervolgens met ingedrukte muisknop naar de positie op de liniaal waar de tab moet komen en laat de muisknop los. De tab staat dan op de aangegeven plaats. Op die manier kunnen we elk type tab instellen.

Een handig punt hierbij is dat tijdens het slepen weer een verticale lijn over het scherm mee beweegt. Zo is duidelijk te zien waar de tab komt te staan. Als het document nog geen tekst bevat, hebben we daar natuurlijk niets aan, maar als we een nieuwe tab willen instellen in een document dat al tekst bevat, gebruiken we de lijn om de tab samen te laten vallen met elke gewenste positie of tekst op het scherm.

De nieuwe tabs zijn van kracht vanaf het begin van de alinea waar de invoegpositie stond op het moment dat de nieuwe tabs werden ingesteld. Ook deze functie zet een onzichtbare code in de tekst, die dus aan het begin van de bewuste alinea komt te staan.

Opdracht 3.9

Tabs wijzigen met de liniaal

- Ga naar het document br-wijkv.
- Zet indien nodig de liniaal op het scherm.
- Zorg dat de invoegpositie aan het begin van het document staat.
- Verwijder de laatste drie tabs voor de rechtermarge door ze van de liniaal weg te slepen. Het rijtje namen springt in naar de eerste tabpositie na de linkermarge.
- Wijzig deze tabpositie zodat het rijtje nog maar (ongeveer) een halve centimeter inspringt.
- Zet de invoegpositie binnen het woord `verkeersdienst`.
- Verwijder de eerste tab na de linkermarge. We zien dat de nieuwe tabinstelling alleen van invloed is vanaf de alinea waar de invoegpositie zich bevond. De code voor de gewijzigde tabinstelling is aan het begin van deze alinea gezet.
- Verwijder de code voor de gewijzigde tabinstelling, zodat het rijtje met de namen weer op dezelfde positie inspringt.
- Sla het document op.

3.5 Zoeken en vervangen

We gaan nu twee functies behandelen die heel duidelijk de voordelen van tekstverwerking boven het werken met een schrijfmachine illustreren. Dat zijn de functies Zoeken en Vervangen, die beide deel uitmaken van het menu Bewerken.

3.5.1 Zoeken

functie Zoeken

Met de functie Zoeken is het mogelijk in een heel document naar een bepaald woord of een bepaalde reeks woorden te zoeken. Dat kan handig zijn om de spelling van een ingewikkeld woord nog even te bekijken of om iets over een bepaald onderwerp op te zoeken.

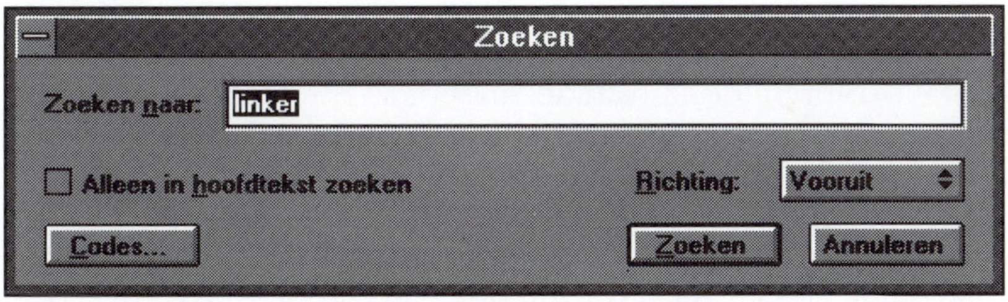

Figuur 3.6 Het dialoogvenster Zoeken

naar tekst zoeken

Om te beginnen klikken we in het menu Bewerken op Zoeken. Er verschijnt dan een dialoogvenster (zie figuur 3.6). De invoegpositie staat in het tekstvak achter `Zoeken naar`. Hier tikken we de tekst in die we willen zoeken. Dat kan een woord, een deel van een woord of zelfs een reeks woorden zijn. De complete zoektekst mag uit 80 tekens (inclusief spaties) bestaan. Als we deze tekst intikken in kleine letters, zoekt het programma naar zowel hoofdletters als kleine letters. Typen we echter ook (of alleen maar) hoofdletters, dan wordt gezocht naar woorden die de opgegeven hoofdletter(s) bevatten. Zoeken we bijvoorbeeld naar 'eren', dan worden de volgende woorden gevonden:

eren, Eren, EREN, ErEn

Maar ook:

erenaam, verteren, Berenkuil, DIEREN

Zoeken we echter naar 'Eren', dan worden alleen de volgende woorden gevonden:

Eren, EREN, ErEn, DIEREN

vooruit zoeken

achteruit zoeken

Nadat we de tekst die we zoeken, hebben ingetikt, stellen we de richting in. Standaard wordt vooruit gezocht, dat wil zeggen vanaf de invoegpositie tot aan het einde van het document. Als we aan het begin van het document staan, is dat natuurlijk de enige mogelijkheid. Staan we echter ergens midden in een document, dan kunnen we ook achteruit zoeken. We veranderen de richting door op de knop bij Richting te klikken en de muis naar de gewenste richting te slepen.

beginnen met zoeken

zoektekst niet gevonden

Hebben we de richting ingesteld, dan klikken we op de knop Zoeken om met zoeken te beginnen. Zodra het programma de gewenste tekst heeft gevonden, verdwijnt het dialoogvenster en staat de invoegpositie achter de tekst die we zochten. Kan het programma die tekst niet vinden, dan verdwijnt het dialoogvenster en komt op de statusregel onder aan het scherm het volgende bericht te staan: `Reeks niet gevonden:`, gevolgd door de zoektekst tussen aanhalingstekens.

zoekopdracht herhalen

Omdat het vaak voor zal komen dat we een bepaalde tekst meer dan eens willen zoeken, beschikt het programma over twee mogelijkheden om verder te zoeken naar dezelfde tekst. In het menu Bewerken staan daarvoor twee opdrachten: Volgende zoeken en Vorige zoeken. Willen we zoeken naar de volgende keer dat de zoektekst in het document staat, dan klikken we in het menu Bewerken op Volgende Zoeken. Willen we verder in achterwaartse richting zoeken, dan klikken we op Vorige Zoeken. Makkelijker is het echter om in deze gevallen gebruik te maken van de toetsencombinaties die achter de opdrachten in het menu Bewerken staan. Dat zijn respectievelijk Shift-F2 en Alt-F2.

nieuwe zoektekst invoeren

De volgende keer dat we het dialoogvenster Zoeken openen, staat de tekst die we de laatste keer hebben ingetikt in het tekstvak Zoeken naar. Deze tekst is geselecteerd weergegeven, dus we kunnen gewoon beginnen met het tikken van de nieuwe zoektekst. Willen we de oude tekst wijzigen, dan moeten we eerst in het vak klikken. We kunnen dan wijzigingen aanbrengen in de tekst en op de knop Zoeken klikken om naar de nieuwe tekst te zoeken.

Opdracht 3.10

Zoeken naar tekst

- Ga naar het document agenda.
- Sluit dit document. Als wordt gevraagd of de wijzigingen in het document moeten worden opgeslagen, klik dan op Ja.
- Ga naar het einde van het document br-wijkv.
- Plaats onder het adres van meneer Zwart een harde paginascheiding door op Ctrl-Enter te drukken.
- Klik vervolgens op Opvragen in het menu Bestand. Met deze functie kunnen we een bestand toevoegen aan een document op het scherm.
- Dubbelklik op de bestandsnaam `agenda`. Er verschijnt een venster met de vraag of u het bestand echt wilt invoegen in het huidige document.
- Klik op Ja. De beide documenten zijn nu samengevoegd tot één document dat de naam heeft van het eerste document.
- Zet de invoegpositie aan het begin van het document.

We hebben gehoord dat de naam van de wethouder niet 'van der Voordt' is maar 'van Voordt'. Dus dat gaan we verbeteren.

- Klik in het menu Bewerken op Zoeken.
- Typ in het tekstvak der en klik op de knop Zoeken.

De invoegpositie komt in het woord `vergadering` te staan. Daar waren we niet in geïnteresseerd, maar de letters `der` staan daar ook in.

- Klik opnieuw in het menu Bewerken op Zoeken en zet voor de zoektekst (`der`) een spatie. We zoeken dan alleen naar woorden die beginnen met `der` en ergens in een zin staan.
- Klik op de knop Zoeken. De invoegpositie komt nu achter `der` in de gezochte naam te staan. Verwijder het woordje `der` (denk eraan ook de spatie voor of achter het woord weg te halen).
- Klik in het menu Bewerken op Volgende zoeken.
- Verwijder ook nu het woordje `der`.
- Voor Volgende zoeken kunnen we ook op Shift-F2 drukken. Doe dat en verwijder het bewuste woordje weer.
- Sla het document op.

3.5.2 Vervangen

Het is niet alleen mogelijk naar een stuk tekst te zoeken, we kunnen WordPerfect ook bepaalde tekstgedeelten laten vervangen door andere. De zoektekst wordt in dat geval vervangen door de vervangtekst. Zoals gezegd maakt ook de functie Vervangen deel uit van het menu Bewerken.

functie Vervangen

Klikken we in het menu Bewerken op Vervangen, dan verschijnt er weer een dialoogvenster (zie figuur 3.7). In tegenstelling tot het dialoogvenster Zoeken bevat dit dialoogvenster twee tekstvakken waar we iets kunnen intikken. Het eerste is in feite hetzelfde vak Zoeken naar als we ook bij de functie Zoeken hebben gezien. Het is zelfs zo dat als we de functie Zoeken al hebben gebruikt, in dit vak de tekst staat die we eerder hebben gezocht. Deze tekst wordt in eerste instantie geselecteerd weergegeven, dus kunnen we gewoon beginnen met het tikken van de nieuwe zoektekst. Het tweede tekstvak is Vervangen door. Hier tikken we de tekst in die we in plaats van de zoektekst willen hebben. Ook dit vak biedt ruimte aan 80 tekens (inclusief spaties).

Figuur 3.7 Het dialoogvenster Vervangen

Nadat we de zoektekst en de vervangtekst hebben ingevoerd, specificeren we – evenals bij Zoeken – de richting met de knop achter Richting. Daarna hebben we de keuze uit twee mogelijkheden.

globaal vervangen

Ten eerste kunnen we op de knop Alles vervangen klikken. Het programma gaat dan op zoek naar de zoektekst en als die wordt aangetroffen, wordt die direct vervangen door de vervangtekst, waarna het programma op zoek gaat naar de volgende keer dat de zoektekst in het document staat. Dat gaat zo door tot alle vermeldingen van de zoektekst in het document (in de opgegeven richting natuurlijk) zijn vervangen door de vervangtekst. We spreken dan over 'globaal' vervangen.

met bevestiging vervangen

Ten tweede kunnen we op de knop Volgende zoeken klikken. In dat geval vervangt WordPerfect de zoektekst niet direct als die wordt aangetroffen. Wordt de zoektekst gevonden, dan pauzeert het programma. De aangetroffen tekst wordt geselecteerd weergegeven. We hebben dan de keuze die tekst daadwerkelijk te vervangen of verder te zoeken naar de volgende keer dat de zoektekst in het document staat. In dat laatste geval klikken we gewoon opnieuw op de knop Volgende zoeken. In het eerste geval klikken we op de knop Vervangen. De zoektekst wordt dan vervangen door de vervangtekst. In beide gevallen gaat het programma vervolgens op zoek naar de volgende keer dat de zoektekst in het document staat en herhaalt het hele proces zich. Dit gaat door tot de tekst niet meer wordt aangetroffen, waarna op de statusregel het bericht `Reeks niet gevonden:` wordt getoond.

Het zal duidelijk zijn dat globaal vervangen gevaarlijk is. Gebruik die mogelijkheid alleen als absoluut zeker is dat er geen verkeerde zaken worden vervangen. Moet 'weg' vervangen worden door 'straat', dan kunnen we alleen globaal vervangen als we zeker weten dat nergens in de tekst een woord als 'wegenbouw' of 'wegens' staat, want anders worden die vervangen door 'straatenbouw' en 'straatens'.

Opdracht 3.11

Tekst vervangen

- Open eventueel het bestand br-wijkv.
- Zet de invoegpositie aan het begin van het bestand.

Er blijkt alweer iets niet te kloppen met een naam. Dit keer zijn het de voorletters van de heer Winter. Die zijn niet A.G.T. maar A.G.B. Daar gaan we iets aan doen.

- Klik in het menu Bewerken op Vervangen.
- Typ in het tekstvak achter Zoeken naar: A.G.T.
- Verplaats de invoegpositie naar het tekstvak Vervangen door, typ daar A.G.B. en klik op Volgende zoeken.
- Klik als de zoektekst is gevonden, op Vervangen. Het programma gaat dan automatisch verder zoeken.
- Vervang de voorletters overal in het document door de juiste letters.
- Sla het document op.

3.6 Spelling controleren

Spellingcontrole

Vlak voordat we een document voor de laatste keer nakijken, kunnen we de functie Spellingcontrole gebruiken om alvast een groot aantal verkeerd gespelde woorden én typefouten uit de tekst te halen. WordPerfect beschikt over een enorme woordenlijst met de voorkeurspelling van Nederlandse woorden. Deze woordenlijst staat in het bestand WP{WP}NL.LEX.

opties Spellingcontrole

De functie Spellingcontrole maakt deel uit van het menu Extra. Klikken we in het menu Extra op Spellingcontrole, dan verschijnt er een dialoogvenster. Standaard wordt de spelling van het hele document gecontroleerd, maar met de knop achter Controleren kunnen we ook andere mogelijkheden instellen: bijvoorbeeld de spelling op één pagina of van één woord controleren. Ook is het mogelijk een stuk tekst te selecteren en de spelling van dat stuk tekst te controleren. Als we op de knop achter Controleren klikken, kunnen we de muis met ingedrukte muisknop naar de gewenste optie slepen. In de meeste gevallen zullen we echter gebruik maken van de standaardinstelling Document.

woord onbekend

Om met controleren te beginnen moeten we op de knop Starten klikken. Het programma begint met de spellingcontrole. Wordt er een woord aangetroffen dat niet in de woordenlijst staat, dan verschijnt dat in het dialoogvenster achter `Niet gevonden:`. Het programma gaat dan in de woordenlijst op zoek naar woorden die lijken op het woord dat volgens het programma verkeerd is gespeld. Als het programma één of meer van dit soort woorden vindt, worden die getoond in het grote vak bij `Gevonden woorden`. Is het oorspronkelijke woord inderdaad onjuist, dan hebben we twee mogelijkheden. In de eerste plaats kunnen we in het

Figuur 3.8 Het dialoogvenster Spellingcontrole met alternatieven voor het verkeerd gespelde woord 'muus'

documentvenster klikken op het betreffende woord, het verbeteren en vervolgens klikken op de knop Doorgaan in het dialoogvenster `Spellingcontrole`.

Tussen haakjes, hier krijgen we te maken met een aardig fenomeen. De knop Doorgaan is in eerste instantie niet aanwezig, maar als we even naar het tekstvenster zijn geweest, is de knop Starten van naam (en van functie) veranderd. Deze knop draagt nu het opschrift Doorgaan. Een knop op een bepaalde plaats hoeft dus niet altijd hetzelfde opschrift te hebben.

woord wijzigen

Is het woord onjuist, dan kunnen we ook kijken of de juiste versie van het woord in het vak met de gevonden woorden staat. Het eerste woord in de lijst wordt geselecteerd weergegeven. Willen we een ander woord kiezen, dan selecteren we dat door er even op te klikken. In dat geval klikken we op het gewenste woord om dat te selecteren. Het geselecteerde woord staat ook in het tekstvak achter `Vervangen door:`. Willen we het onjuiste woord in het document vervangen door het woord in het tekstvak Woord, dan klikken we op Vervangen. Het onjuiste woord wordt gewijzigd in het geselecteerde woord en het programma gaat verder met het controleren van de tekst.

woord negeren

Het kan natuurlijk ook gebeuren dat een woord niet in de woordenlijst van WordPerfect voorkomt, terwijl het wel juist is gespeld. In dat geval hebben we de keuze uit verschillende mogelijkheden. In de eerste plaats kunnen we het programma opdracht geven het woord te negeren en verder te gaan met de controle. Dat doen we door op de knop Negeren te klikken. Komt dat woord echter verderop nogmaals voor, dan zal het programma opnieuw

woord totaal negeren

stoppen en melden dat het woord onjuist is. Vandaar dat er ook nog een andere mogelijkheid is: totaal negeren. Het klikken op de knop Totaal neg. heeft tot gevolg dat het programma ook alle volgende keren dat het woord in het document staat, gewoon verder gaat met de controle.

aan woordenlijst toevoegen

Als we de spellingcontrole voor dit document hebben afgesloten en later een volgend document controleren, wordt het desbetreffende woord echter opnieuw aangemerkt als onjuist. Willen we dat voorkomen, dan zullen we het woord moeten toevoegen aan de woordenlijst. Het zal niemand verbazen dat dit met de knop Toevoegen gaat. Een toegevoegd woord wordt niet in de hoofdwoordenlijst opgeslagen, maar in een aanvullende woordenlijst.

spellingcontrole stoppen

Als het hele document is gecontroleerd, verschijnt er een berichtvenster met de mededeling dat de spellingcontrole is voltooid. In dat venster klikken we op Ja. Dat heeft tot gevolg dat dit dialoogvenster en het dialoogvenster `Spellingcontrole` verdwijnen.

Opdracht 3.12

Spelling van een document controleren

- Open eventueel het bestand br-wijkv. Omdat er natuurlijk geen spelfouten in het document staan, zullen we er expres enkele aanbrengen.
- Zet een tweede z in `aanwezig`, haal een s weg uit `Mis-schien`, maak van de z in `gezamenlijk` een s en verzin zelf ook nog drie spelfouten. Noteer de aangebrachte fouten wel even op een papiertje.
- Klik in het menu Extra op Spellingcontrole.
- Stel indien nodig met de knop achter `Controleren` in dat het hele document gecontroleerd moet worden.
- Klik op de knop Starten. Vrijwel onmiddellijk wordt de plaatsnaam `Bovenveldt` invers getoond in het document. Tevens verschijnt het woord in het tekstvak achter Woord in het dialoogvenster. Dit is een eigennaam en die kunnen we gewoon overal negeren.
- Klik op Negeren. Totaal neg. kan ook, maar deze naam komt maar eenmaal in het document voor.
- Klik verder bij alle eigennamen op Totaal neg.
- Verbeter eventuele fouten indien mogelijk door de juiste spelling te selecteren in het lijstvak en op Vervangen te klikken. Staat het juiste woord er niet bij, klik dan in het documentvenster en verbeter de fout daar. Voeg in geen geval woorden toe aan de woordenlijst (de knop Toevoegen wordt dus niet gebruikt).

- Controleer na afloop van de spellingcontrole of alle aangebrachte fouten uit de tekst zijn gehaald.
- Sla het document op.

3.7 Bijzondere tekens

Het toetsenbord bevat alle letters van het alfabet, maar lettertekens met een accent staan er niet op. Toch moeten we ook die kunnen invoeren.

WP-tekensets

WordPerfect voor Windows beschikt over een aantal sets met bijzondere tekens, de WP-tekensets. Het dialoogvenster (zie figuur 3.9) waarmee we deze tekens invoeren, kunnen we op twee manieren oproepen. In de eerste plaats door in het menu Letter te klikken op WP-tekensets en in de tweede plaats door op Ctrl-W te drukken. Standaard beschikt WordPerfect over 12 verschillende tekensets. De normale tekenset (de zogenaamde ASCII-set) is de eerste set. De tekens met een accent die in het Nederlands het meest voorkomen, maken deel uit van de set Internationaal 1, maar ook andere sets bevatten tekens die bruikbaar zijn. Zo bevat de set Typografische symbolen een fraai guldenteken. In de directory \WPC staat een bestand genaamd CHARACTR.DOC. Dit bestand bevat alle tekens in alle tekensets, dus is het geen gek idee om dit bestand eens te bekijken.

Alle tekens hebben een nummer dat bestaat uit twee delen, die worden gescheiden door een komma. Het eerste deel is het nummer van de set en het tweede deel het rangnummer van het teken binnen de set. Het teken é heeft bijvoorbeeld het nummer 1,41 en het guldenteken 4,14.

zoeken in tekensets

Nadat we het dialoogvenster `WordPerfect-tekensets` hebben opgeroepen, kunnen we op drie manieren het gewenste teken vinden. In de eerste plaats kunnen we het teken opzoeken in de sets. In het geval van weinig gebruikte tekens zal dat de meest voor de hand liggende manier zijn. Dat zoeken gaat als volgt.

We openen het dialoogvenster `WordPerfect-tekensets`. In eerste instantie wordt set 0 (de ASCII-set) getoond. Willen we een andere set, dan moeten we op de knop onder `Set` klikken en de balk naar de gewenste set slepen. Vervolgens zoeken we het

Figuur 3.9 Het dialoogvenster WordPerfect-tekensets met het eerste deel van de tekenset Internationaal 1

gewenste teken. Als de set meer tekens bevat dan er in het vak Tekens passen (en dat is in de meeste gevallen zo), bevat het vak een verticale schuifbalk. Gebruik deze balk om meer van de set te laten tonen. Hebben we het gewenste teken gevonden, dan klikken we op het teken om het te selecteren. Als we slechts één bijzonder teken willen invoeren, klikken we vervolgens op Invoegen en sluiten. Het teken wordt dan op de plaats van de invoegpositie in de tekst ingevoegd en het dialoogvenster wordt gesloten. Willen we nog een of meer tekens uit de sets invoeren, dan klikken we op Invoegen. Ook nu wordt het teken ingevoegd, maar het dialoogvenster wordt niet gesloten en we kunnen direct doorgaan met het zoeken naar het volgende teken.

invoeren nummer in tekstvak

De volgende manier voor het invoeren van bijzondere tekens bestaat uit het intikken van het nummer in het betreffende tekstvak. Als de tekst in het vak geselecteerd wordt weergegeven, beginnen we direct met tikken, anders moeten we eerst op het vak klikken en de inhoud wissen. Dat kan natuurlijk alleen als we het nummer kennen. Hebben we het nummer (het setnummer gevolgd door een komma en het rangnummer) opgegeven, dan wordt in het tekstvak Tekens het betreffende teken getoond. We hebben dan weer de keuze tussen Invoegen of Invoegen en sluiten.

twee tekens invoeren in tekstvak

De laatste methode voor het kiezen van het gewenste teken is het na elkaar invoeren van twee tekens in het tekstvak Nummer. (Ook hier geldt dat het vak actief en leeg moet zijn voor we iets intikken.) Welke twee tekens we achter elkaar moeten intikken, is over het algemeen niet zo moeilijk te bepalen. Willen we een o met een trema (ö) invoegen, dan tikken we in het vak een o en een ". Voor een e met een accent grave (è) kiezen we een e en een enkel aanhalingsteken (naar links). Nog enkele voorbeelden:

AccentCombinatie metVoorbeeld

Accent aigu	' (aanhalingsteken rechts)	é, ó, á, í, É
Accent grave	` (aanhalingsteken links)	è, ù, à, Ò
Trema	" (dubbel aanhalingsteken)	ë, ü, ï
Cedille	, (komma)	ç, Ç
Circumflex	^ (dakje)	â, ô
Schuine streep	/ (slash)	Ø, ø

Ook andere tekens dan letters met een accent worden vaak op deze manier gemaakt. Voor het teken ½, drukken we bijvoorbeeld achtereenvolgens op / en 2. Nog een paar voorbeelden:

¼ : / en 4	« : < en <	± : + en -
f : f en -	ß : s en s	≥ : > en =

In het bestand CHARACTR.DOC is te zien welke tekens door middel van dergelijke combinaties te maken zijn.

teken controleren in Codes weergeven

Of het teken ook daadwerkelijk op het scherm is te zien, is afhankelijk van het type monitor. Hetzelfde geldt voor het afdrukken van deze bijzondere tekens: het ligt aan de printer of dat kan of niet. We kunnen in elk geval altijd controleren of het juiste teken in het document staat door de functie Codes weergeven aan te zetten en de invoegpositie in de onderste helft van het scherm op het betreffende teken te zetten. Als het een bijzonder teken is, wordt het nummer getoond.

Opdracht 3.13

Tekens met een accent invoeren

- Open eventueel het document br-wijkv. Van de heer Amihou hebben we gehoord dat zijn naam eigenlijk als volgt wordt gespeld: Amihoú.
- Gebruik de functie zoeken om de naam Amihou op te sporen.
- Verwijder de laatste letter.

- Klik in het menu Letter op WP-tekensets. De letter ú maakt deel uit van de set Internationaal 1.
- Klik op de knop en selecteer de juiste set. Nu kunnen we de gewenste letter gaan zoeken, maar we kunnen ook de inhoud van het tekstvak onder `Nummer` wissen en daar achtereenvolgens een u en een apostrof (') typen. Het programma selecteert dan automatisch het juiste teken.
- Klik als het teken is omgeven door een kadertje, op Invoegen.
- Klik in het menu Bewerken op Volgende zoeken. (Het dialoogvenster WordPerfect-tekensets blijft gewoon staan.)
- Verwijder de laatste letter van de naam en klik in het dialoogvenster op Invoegen en sluiten.
- Sla het document op.
- Druk het document af en beëindig het werken met WordPerfect voor Windows.

3.8 Herhalingsopdracht

In de herhalingsopdracht aan het einde van hoofdstuk 2 hebben we een uitnodiging gemaakt voor de jaarlijkse barbecue van de buurtvereniging. Daarin stond onder andere dat daar een formulier zou worden bijgevoegd. Dat formulier gaan we nu maken.

- Start WordPerfect voor Windows.
- Typ Aanmeldingsformulier Buurt-barbecue en druk tweemaal op Enter
- Neem het volgende rijtje over:

  Naam:
  Adres:
  Aantal personen:

- Zet achter elke dubbele punt een tab, die op de eerste twee regels wordt gevolgd door 15 puntjes en op de derde door twee puntjes.
- Zet indien nodig de liniaal op het scherm.
- Klik op het symbool voor een rechtslijnende tab en sleep dat symbool langs de liniaal. Laat de muisknop los als de verticale lijn ongeveer een halve centimeter voorbij de dubbele punt achter personen loopt.
- Verwijder alle tabs links en de eerste tab rechts van deze rechtslijnende tab.

- Stel één centimeter voorbij de rechtslijnende een gewone (linkslijnende) tab in.
- Sla twee regels over en typ de volgende regels:

Ik kan wel/niet meehelpen bij voorbereiding/barbecue (doorhalen wat niet van toepassing is).

Mijn voorkeur gaat uit naar (maximaal twee per rijtje aanstrepen):

- Sla een regel over en zet de volgende twee rijtjes naast elkaar met behulp van een gewone tab op 4 centimeter en een gewone tab op 9 centimeter (verwijder alle overbodige tabs). Rijtje 1: Fris zonder prik, Fris met prik, Sap, Bier, Witte wijn, Rode wijn. Rijtje 2: Saté, Spiesjes, Hamburgers, Worstjes, Karbonades, Vis. (Denk aan het accent op de laatste letter van Saté.)
- Maak de bovenste regel vet (met behulp van selecteren) en centreer deze regel.
- Ga naar het einde van het document en sla twee regels over. Typ de volgende tekst:

Dit formulier gaarne voor inleveren bij

- Voer helemaal aan het begin van het document een harde paginascheiding in en zet de invoegpositie boven aan de eerste pagina van het document.
- Vraag op deze plaats het bestand barbecue op.
- Selecteer de inleverdatum en klik op Kopiëren (in het menu Bewerken of op de knoppenbalk).
- Zet de invoegpositie direct voor inleveren in de laatste regel van het document en plak daar de inleverdatum. (Controleer of de spaties juist staan.)
- Kopieer op dezelfde manier het inleveradres naar het einde van de laatste regel van het document. Zet een punt achter de zin.
- Ga naar het begin van het document.
- Zoek naar het woordje `Bar`, verwijder dit en vervang het door Café.
- Controleer de spelling van het hele document.
- Druk het hele document af en sla het op.
- Beëindig het werken met WordPerfect voor Windows.

4 Wat kan het programma nog meer?

In de voorgaande hoofdstukken hebben we geleerd hoe we de basisfuncties van WordPerfect voor Windowws gebruiken om een tekst in elkaar te zetten en af te drukken. We hebben geleerd hoe we eenvoudige veranderingen in de opmaak kunnen aanbrengen, hoe we documenten op schijf opslaan en openen enzovoort. Het programma kan echter nog veel meer. In dit hoofdstuk zullen we kennismaken met enkele meer geavanceerde functies. We gaan niet diep op alle mogelijkheden van deze functies in. We beperken ons hoofdzakelijk tot een korte uitleg. Aan de orde komen:

- ✓ *samenvoegen van een primair en een secundair bestand;*
- ✓ *tabellen;*
- ✓ *lettertypen;*
- ✓ *grafische kaders.*

4.1 Samenvoegen

persoonlijke standaardbrieven

We kunnen met WordPerfect persoonlijke standaardbrieven maken. Dat wil zeggen, we kunnen een brief schrijven en een lijst met namen en adressen in elkaar zetten en vervolgens het programma opdracht geven brieven met een persoonijke aanhef af te drukken door gebruik te maken van alle namen en adressen in de lijst. Het bestand waarin de brief is opgeslagen wordt het 'primaire bestand' genoemd en de lijst 'het secundaire bestand'.

primair bestand

genummerde codes

Het primaire bestand bevat de tekst die voor alle brieven gelijk is. Behalve deze tekst komen in dit bestand zogenaamde samenvoegcodes te staan. Deze codes worden tijdens het feitelijke samenvoegen vervangen door gegevens uit het secundaire bestand. De codes hebben allemaal een nummer dat overeenkomt met het nummer van het veld in het secundaire bestand dat op die plaats moet worden ingevoegd.

codes

Naast deze codes hebben we ook de beschikking over enkele andere codes. Met deze codes kunnen we bijvoorbeeld de datum invoegen of de gebruiker de gelegenheid geven tijdens het samenvoegen tekst via het toetsenbord in te voeren.

invoeren genummerde codes

De codes worden ingevoegd via het vervolgmenu Samenvoegen dat deel uitmaakt van het menu Extra. De genummerde codes die overeenkomen met de velden in het secundaire bestand voeren we in door op Veld te klikken. Er verschijnt dan een dialoogvenster waarin we het nummer van het gewenste veld intikken. Klikken we vervolgens op OK, dan wordt de code in het document ingevoegd. De meeste andere codes worden ingevoerd met het dialoogvenster `Samenvoegcodes`, dat ook deel uitmaakt van dit menu. Dit dialoogvenster bestaat uit een lijstvak waarin de gewenste code kan worden geselecteerd. Die code wordt vervolgens ingevoegd als we op Invoegen klikken. In figuur 4.1 staat een voorbeeld van een primair bestand.

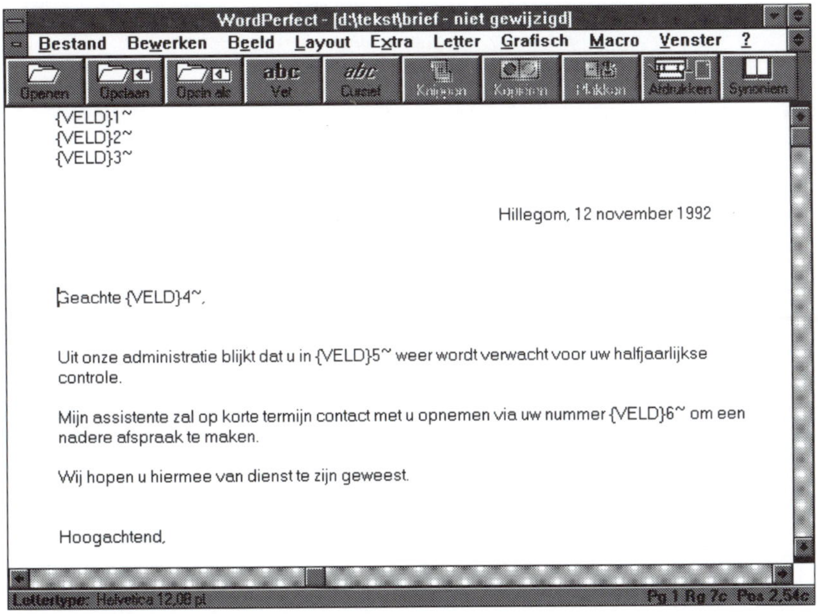

Figuur 4.1 Een primair bestand

secundair bestand

Het secundaire bestand is eigenlijk een soort database. Een database bestaat uit records. Elk record bevat alle gegevens die betrekking hebben op bijvoorbeeld één persoon: zijn of haar naam, adres en telefoonnummer, plus eventueel andere zaken, zoals verjaardag, adres en telefoonnummer van zijn of haar werk, enzovoort. Elk afzonderlijk gegeven binnen een record staat in een veld. Alle velden in de verschillende records moeten overeen-

records en velden

komstige informatie bevatten. Als het eerste veld in het eerste record een naam bevat, moeten alle eerste velden in alle records een naam bevatten. Op die manier zetten we door middel van één enkele code in het primaire bestand in alle brieven dezelfde informatie.

Einde veld
Einde record

Ook in het secundaire bestand wordt met codes gewerkt. Dat zijn de codes voor Einde veld en Einde Record. Beide codes worden ingevoerd via het vervolgmenu Samenvoegen, maar ook door middel van twee toetsencombinaties: Alt-Enter voor Einde veld en Alt-Shift-Enter voor Einde record. Het programma zet dan een code op het scherm en de invoegpositie gaat automatisch naar het begin van de volgende regel. Bij een code voor Einde record wordt tevens een harde paginascheiding ingevoerd. In figuur 4.2 staat een voorbeeld van een secundair bestand.

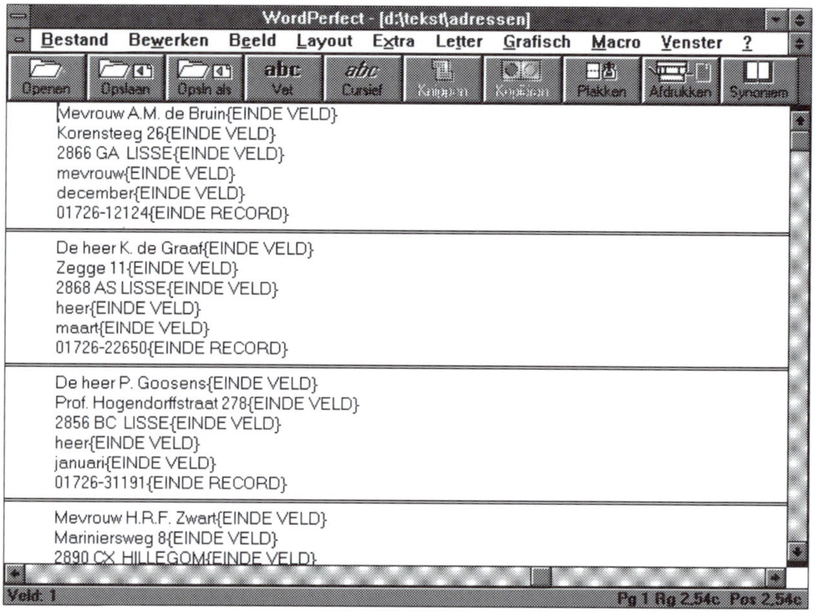

Figuur 4.2 Een secundair bestand

Het aardige is dat we het secundaire bestand telkens opnieuw kunnen gebruiken. Als we bijvoorbeeld een lijst samenstellen van alle zakenrelaties, kunnen we al die relaties regelmatig een nieuwe 'persoonlijke' brief sturen door een nieuw primair bestand te maken en dat samen te voegen met het bestaande secundaire bestand.

samenvoegen primair en secundair bestand

Het samenvoegen van beide bestanden doen we door in het vervolgmenu Samenvoegen op Samenvoegen te klikken. Er verschijnt dan een dialoogvenster waarin we de namen moeten opgeven van het primaire en het secundaire bestand. Het is ook mogelijk de gewenste bestanden te selecteren in een bestandsvenster door op de lijstknop achter het vak te klikken. Het primaire bestand wordt samengevoegd met het secundaire bestand en het resultaat verschijnt op het scherm. De verschillende brieven worden van elkaar gescheiden door een harde paginascheiding. Figuur 4.3 toont de brief die het resultaat is van het samenvoegen van het primaire bestand uit figuur 4.1 en het eerste record uit het secundaire bestand uit figuur 4.2.

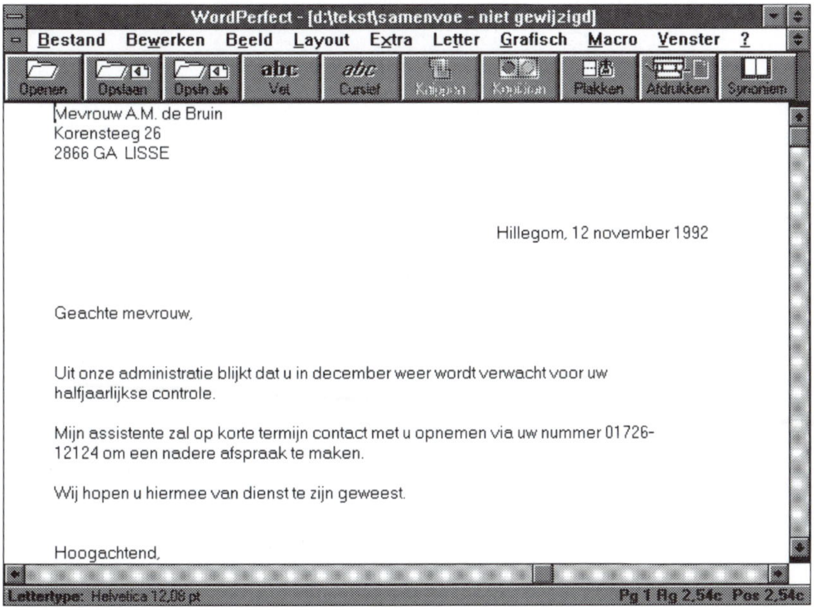

Figuur 4.3 De uiteindelijke brief

4.2 Tabellen

De tabelfunctie van WordPerfect is buitengewoon handig. We kunnen met deze functie zeer fraaie tabellen maken en dat niet alleen, we kunnen zelfs berekeningen uitvoeren in de tabellen.

tabel maken

Een tabel maken we door in het menu Layout op Tabellen te klikken en vervolgens op Maken. Het dialoogvenster dat verschijnt bevat twee tekstvakken: één voor het aantal kolommen (verticaal) en één voor het aantal rijen (horizontaal). Nadat we daar waarden hebben ingevuld, klikken we op OK. Op de plaats van de invoegpositie verschijnt dan de gespecificeerde tabel in het document.

Figuur 4.4. Het dialoogvenster Tabel maken

tabel maken met behulp van liniaal

Het is ook mogelijk een tabel te maken met behulp van de liniaal. Dat doen we met de knop die eruitziet als een raster. Als we op die knop klikken, kunnen we de muis naar het gewenste aantal rijen en kolommen slepen. Op het moment dat we de knop loslaten, verschijnt de tabel in het document.

Figuur 4.5. Een tabel maken met de liniaal

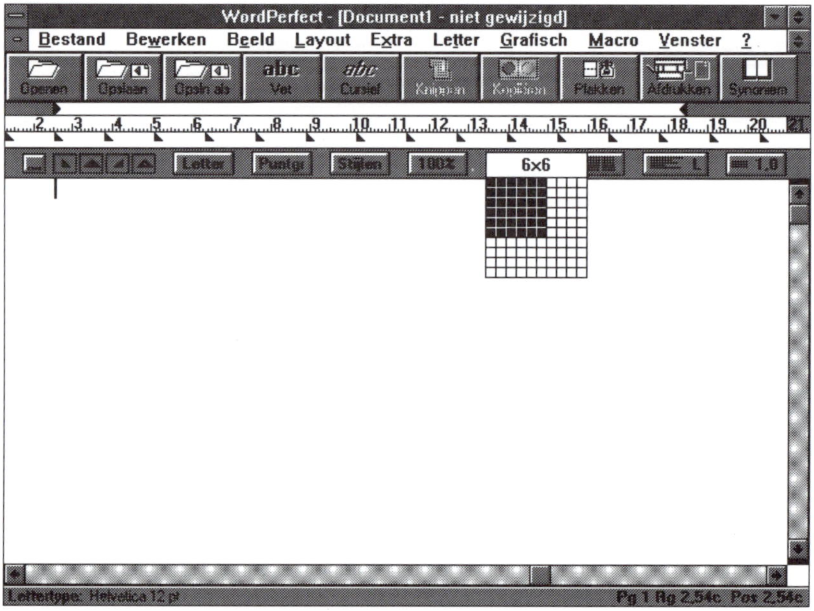

cel

Een tabel bestaat uit cellen, die worden aangegeven met combinaties van een letter en een cijfer: A1, B1, C1, A2, ..., C3. De letters geven de kolommen aan en de cijfers de rijen. Iedereen die wel eens met een spreadsheetprogramma heeft gewerkt, zal dit bekend voorkomen.

We kunnen nu informatie in de tabel invoeren. Zet de invoegpositie in de gewenste cel en tik daar iets in. Dat kan een getal (bedrag) zijn, maar ook een tekst.

berekeningen uitvoeren

Zodra de invoegpositie in een van de cellen van een tabel staat, zijn alle opties van het menu Tabellen beschikbaar. Deze opties stellen ons onder andere in staat kolommen en/of rijen toe te voegen of te verwijderen, cellen samen te voegen of te splitsen, het kader om de cellen te wijzigen, de opmaak van de cellen aan te passen en een formule in een cel op te nemen. Een formule wordt gebruikt om berekeningen uit te voeren met de inhoud van cellen. Neem bijvoorbeeld de volgende formule: A1 * 17,5. Als we deze formule in cel B1 plaatsen en in cel A1 een bedrag, dan kunnen we in B1 de BTW over het bedrag in A1 plaatsen door in het menu Tabellen op Berekenen te klikken. Hoewel het aantal mogelijke bewerkingen niet erg groot is, zijn tabellen bijzonder geschikt voor het uitvoeren van eenvoudige berekeningen.

mogelijkheden van de liniaal

Ook bij het werken met tabellen biedt de liniaal enkele bijzonder praktische mogelijkheden. Standaard neemt een tabel de hele breedte tussen de linker- en de rechtermarge in beslag en zijn alle cellen even breed. Zetten we de invoegpositie ergens in een tabel, dan wordt op de liniaal het begin en het eind van de tabel aangegeven plus de scheidingen tussen de cellen per rij. Deze laatste worden voorgesteld door een driehoekje dat naar beneden wijst. Door op een dergelijk symbool te klikken en de muis naar een andere positie te slepen, wijzigen we de breedte van de afzonderlijke cellen. Ook de breedte van de tabel kunnen we met behulp van de liniaal wijzigen. Staat de invoegpositie in de tabel, dan kunnen we de liniaalsymbolen voor de beide marges naar een andere positie slepen. De breedte van de tabel wordt dan gewijzigd zonder dat de marges voor de tekst worden beïnvloed.

4.3 Lettertypen

We kunnen niet alleen de weergave-attributen en de grootte van tekst beïnvloeden, maar het is ook mogelijk een geheel ander

basislettertype

lettertype in te stellen. Wanneer we het programma starten, staat op de statusregel onder aan het scherm het basislettertype. Dat is bijvoorbeeld:

Lettertype: `Courier 10cpi`

cpi

De afkorting cpi staat voor 'characters per inch' ofwel het aantal tekens per inch (1 inch is 2,54 centimeter). Dit lettertype heeft een vast aantal tekens per inch. Het is ook mogelijk dat op de statusregel staat:

Lettertype: `CG Times (Scalable) 12pt`

scalable

Een 'scalable' lettertype heeft geen vast aantal tekens per inch, maar een vaste puntgrootte. De puntgrootte heeft geen betrekking op de breedte van een teken (die staat niet vast), maar op de hoogte. Een punt is 1/72 inch. Een 12-punts letter is dus ongeveer 0,42 centimeter hoog.

Het basislettertype is afhankelijk van de geselecteerde printer. We kunnen dit wijzigen voor een heel document of voor een deel van een document.

Figuur 4.6 Enkele voorbeelden van lettertypen

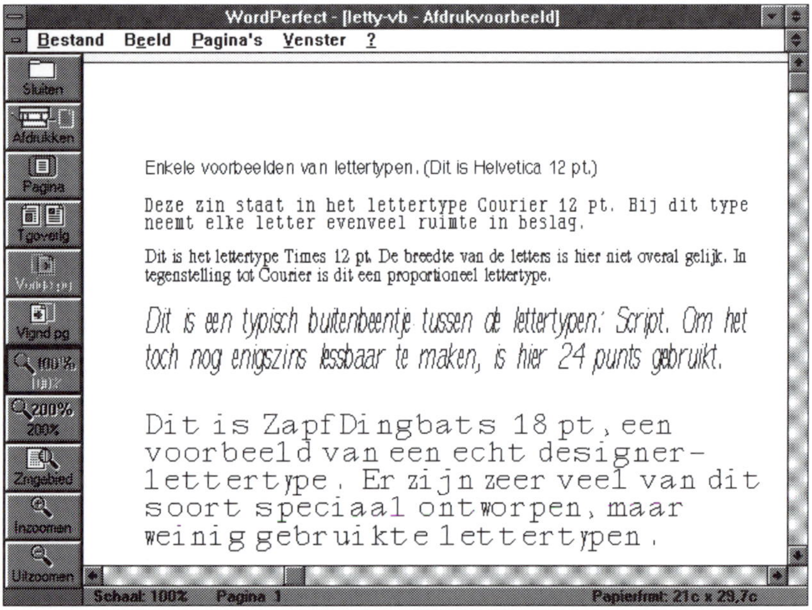

lettertype wijzigen

Om het lettertype voor het hele document te wijzigen klikken we om te beginnen in het menu Layout op Document. Er verschijnt dan een vervolgmenu waarin we op Basislettertype klikken. Op het scherm wordt het dialoogvenster `Basislettertype document` getoond. Boven aan dit venster staat de geselecteerde printer. Dat is logisch, want de beschikbare lettertypen zijn daarvan afhankelijk. Als het vak Lettertypen te klein is voor alle mogelijke typen, is er een verticale schuifbalk zichtbaar. Die gebruiken we om meer lettertypen te bekijken. Een van de lettertypen is geselecteerd: hetzelfde type dat op de statusregel wordt getoond. Een prettige bijkomstigheid van dit dialoogvenster is dat onder in het venster een voorbeeld van het geselecteerde lettertype te zien is. Als het lettertype 'scalable' is, kunnen we niet alleen het type letter, maar ook de puntgrootte instellen. Is dit niet het geval, dan is dit vak niet actief. Het lettertype dat we hier instellen is van toepassing op het hele document.

gedeelte document lettertype wijzigen

Het is ook mogelijk slechts een deel van een document een ander lettertype te geven, bijvoorbeeld een briefhoofd of een paragraaftitel. In dat geval gebruiken we een ander dialoogvenster om het lettertype te wijzigen, namelijk het venster dat verschijnt als we in het menu Letter op Lettertypen klikken. Dit dialoogvenster bevat niet alleen dezelfde elementen als het hiervoor besproken venster, maar tevens twee groepen met aankruisvakjes voor Weergave en Grootte. We kunnen hier dus niet alleen tijdelijk een ander lettertype instellen, maar tevens de attributen voor weergave en grootte veranderen. Hebben we alles naar wens ingesteld, dan klikken we op OK en tikken we de tekst in. Als we de tekst die we in het afwijkende lettertype willen plaatsen hebben ingetikt, moeten we wel het lettertype weer terug veranderen.

Toewijzen aan liniaal

Het dialoogvenster Lettertypen in het menu Letter bevat nog een knop die handig kan zijn: Toewijzen aan liniaal. De liniaal bevat een knop Lettertypen. Klikken we op die knop, dan verschijnt er een lijst met lettertypen. In eerste instantie bevat deze lijst alleen maar het basislettertype, maar het is mogelijk aan die lijst lettertypen toe te voegen.

Klikken we op de knop Toewijzen aan liniaal, dan verschijnt er weer een dialoogvenster. Dit venster bestaat uit twee delen. Links staat een lijstvak met alle beschikbare lettertypen en rechts staat een vak waarin de lettertypen worden getoond die al aan de liniaal zijn toegewezen. We selecteren nu in het linkervak een let-

uitbreiden lettertypen liniaal

tertype en klikken vervolgens op Toevoegen om het aan de liniaal toe te wijzen. Hebben we alle gewenste lettertypen aan de liniaal toegewezen, dan klikken we op OK. In het dialoogvenster Lettertypen klikken we op Annuleren. We kunnen nu op de liniaal op de knop Lettertypen klikken en één van de ingestelde typen kiezen door de muis te slepen. Als we een 'scalable' lettertype kiezen, wordt de knop Puntgrootte op de liniaal ook actief. Klikken we vervolgens op die knop, dan kunnen we de muis naar een andere puntgrootte slepen. Op deze manier hebben we alle gewenste lettertypen direct onder muisbereik.

lettertypen kiezen met liniaal

lettertype geselecteerde tekst wijzigen

Tot slot kunnen we ook nog het lettertype van een stuk geselecteerde tekst wijzigen. De methode daarvoor is eigenlijk al bekend, want die komt overeen met het toewijzen van een ander attribuut voor weergave of grootte aan geselecteerde tekst. We selecteren de gewenste tekst en openen het dialoogvenster `Lettertypen` in het menu Letter. Vervolgens kiezen we het gewenste lettertype en klikken op OK om de keuze te bevestigen. De geselecteerde tekst krijgt dan het nieuwe lettertype zonder dat de omliggende tekst wordt beïnvloed. Hebben we het lettertype aan de liniaal toegewezen, dan kunnen we ook de betreffende knop op de liniaal gebruiken om de geselecteerde tekst van een ander lettertype te voorzien.

4.4 Grafische kaders

verschillende soorten kaders

Grafische kaders is een verzamelnaam voor verschillende typen kaders. Na het het menu Grafisch te hebben geopend zien we een lijst met vijf mogelijke kaders en de optie Lijnen. De namen van de kaders zijn een beetje misleidend. Een Tekstkader mag best een afbeelding bevatten en in een Tabelkader mogen we een formule tonen. De verschillende typen onderscheiden zich eigenlijk alleen door het uiterlijk dat een kader in het document heeft en niet zozeer door de inhoud. Een Afbeeldingskader wordt omsloten door een ononderbroken rechthoek. Een Tekstkader bevat een dikke balk aan de boven- en onderzijde en de inhoud verschijnt tegen een 'grijze' achtergrond. Een Formulekader heeft in het geheel geen omlijsting. Een Tabelkader ziet er net zo uit als een Tekstkader, maar met een witte achtergrond. Een kader van het type Overige heeft in principe hetzelfde uiterlijk als een Formulekader.

editors

De inhoud van een kader is een afbeelding, een stuk tekst of een formule. WordPerfect beschikt over drie verschillende editors. Behalve specifieke eigenschappen hebben deze editors ook een aantal functies gemeen. Zo kunnen we de grootte, het uiterlijk (de rand) en de positie op de pagina van elk kader bepalen.

gebruik grafische bestanden

WordPerfect is in staat een groot aantal grafische bestanden te gebruiken, bijvoorbeeld PCX-bestanden die zijn gemaakt met Paintbrush, grafieken uit Lotus die zijn opgeslagen als .PIC-bestanden, TIFF-bestanden, GEM-bestanden en nog veel meer. In de directory GRAFISCH staan een aantal .WPG-bestanden die deel uitmaken van het pakket WordPerfect voor Windows.

afbeeldingseditor

Al deze bestanden kunnen direct in het document worden ingelezen via de optie Opvragen in het vervolgmenu Afbeeldingskader. Willen we iets aan de figuur wijzigen, dan klikken we met de rechter muisknop binnen het kader. Er verschijnt dan een menu. Klikken we vervolgens op Afbeeldingskader bewerken, dan komen we in de afbeeldingseditor terecht. De afbeeldingseditor is niet – zoals de naam misschien suggereert – een functie voor het wijzigen van plaatjes. We gebruiken deze editor om verschillende bewerkingen uit te voeren op de afbeelding. Zo is het mogelijk de positie van de afbeelding binnen het kader te wijzigen of in te zoomen op een deel van de afbeelding.

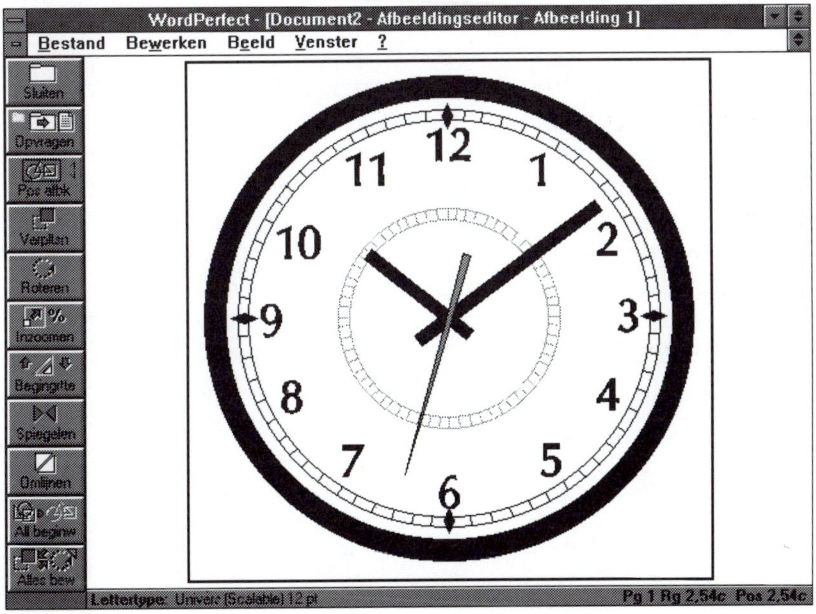

Figuur 4.7 De afbeeldingseditor met een .WPG-afbeelding

teksteditor

De teksteditor stelt ons in staat een stuk tekst op een opvallende manier binnen een kader te plaatsen. Zoals gezegd wordt de inhoud van een tekstkader standaard tegen een grijze achtergrond geplaatst, maar dat kunnen we wijzigen.

formule-editor

drie soorten vensters

De formule-editor is een bijzonder praktisch stuk gereedschap voor technici, wetenschappers en andere mensen die regelmatig ingewikkelde formules in documenten willen opnemen. De formule-editor roepen we op door in het menu Grafisch op Formulekader te klikken en vervolgens Aanmaken (of Bewerken) te kiezen. De editor bevat drie vensters. Het linkervenster heet het componentenvenster. In dit venster kunnen we opdrachten, symbolen en dergelijke selecteren om deze in te voeren in het bewerkingsvenster. Dat is het bovenste van de twee rechtervensters. Nadat we met behulp van het componentenvenster en invoer via het toetsenbord een formule hebben samengesteld, klikken we op de knop Opnieuw weergeven om de formule te laten tonen in het derde venster: het weergavevenster.

Of kaders op het scherm worden getoond, is afhankelijk van de monitor en ook de afdrukkwaliteit is afhankelijk van de apparatuur die op het systeem is aangesloten, in dit geval natuurlijk van de printer.

4.5 Tot slot

We hebben nu kennis gemaakt met WordPerfect voor Windows en leren werken met de belangrijkste functies die ons in staat stellen een document te maken en af te drukken. In dit laatste hoofdstuk hebben we iets gezien van de meer geavanceerde functies van het pakket. Dit is echter nog lang niet alles. Zo kunnen we het programma allerlei lijsten voor ons laten samenstellen, zoals een inhoudsopgave, een index en lijsten met verwijzingen. We kunnen documenten vergelijken, spreadsheetbestanden opnemen in documenten en nog veel meer.

Appendix A
Installatie van WordPerfect 5.2 voor Windows

systeemeisen

Om WordPerfect voor Windows te kunnen installeren moet het systeem voldoen aan de volgende eisen:

Processor	286 of hoger (386 of hoger aanbevolen)
Geheugen	minimaal 2 Mb (4 Mb aanbevolen)
Vaste schijf	minimaal 40 Mb (het programma vereist voor de volledige installatie ongeveer 12 Mb vrije ruimte op schijf, exclusief Windows)
Windows	Versie 3.0 of later

diskette Installatie/Programma 1

De installatie van het programma is heel eenvoudig. WordPerfect voor Windows wordt geleverd op een aantal diskettes. Deze diskettes hebben allemaal een naam. De eerste heet Installatie/Programma 1. Steek deze diskette in het station.

Het programma wordt vanuit Windows geïnstalleerd. Start Windows en klik in het menu Bestand op Starten. Typ vervolgens de letter van het diskettestation waarin de diskette van WordPerfect voor Windows is gestoken, gevolgd door een dubbele punt en de naam van het installatieprogramma INSTALL (bijvoorbeeld b:install). Druk dan op Enter.

Standaard

Even later verschijnt er een dialoogvenster waar we het installatietype kunnen opgeven. Wij kiezen voor Standaard. Klik dus op de knop Standaard. Eventueel wordt vervolgens gevraagd op welke vaste schijf het programma moet worden geïnstalleerd. In de meeste gevallen zal dat C: zijn. Kies c: en klik op OK. De installatie gaat nu van start.

voortgang

In het venster op het scherm wordt de stand van zaken weergegeven. De balk met `Deze schijf` geeft aan hoeveel procent van de huidige diskette is geïnstalleerd en de balk met `Alle` `schijven` geeft aan hoeveel procent van de totale installatie achter de rug is.

Als de balk achter `Deze schijf` de 100% bereikt, verschijnt een venster met de opdracht de volgende diskette in het station te steken. In het venster staat welke diskette het programma nodig heeft. Steek de gevraagde diskette in het station en druk op Enter of klik op OK. Deze procedure moet een aantal keren worden herhaald.

printerinstallatie

Op een gegeven moment krijgen we de mogelijkheid één of meer printers te installeren. Het is ook mogelijk te werken met de printers die onder Windows zijn geïnstalleerd, maar WordPerfect adviseert met de eigen printerstuurprogramma's te werken. In het scherm WordPerfect-printerselectie zoeken we in de lijst de naam van de printer of printers die we willen installeren. Typ de eerste letter van het merk van de betreffende printer om direct naar de printers te gaan die met die letter beginnen. Dubbelklik op de naam van de gewenste printer, waarna die naar het vak Te installeren printers wordt verplaatst. Herhaal dat eventueel voor andere printers. Als alle gewenste printers zijn geselecteerd, klikken we op OK om die printers te installeren.

Figuur A.1. Het dialoogvenster WordPerfect-printerselectie

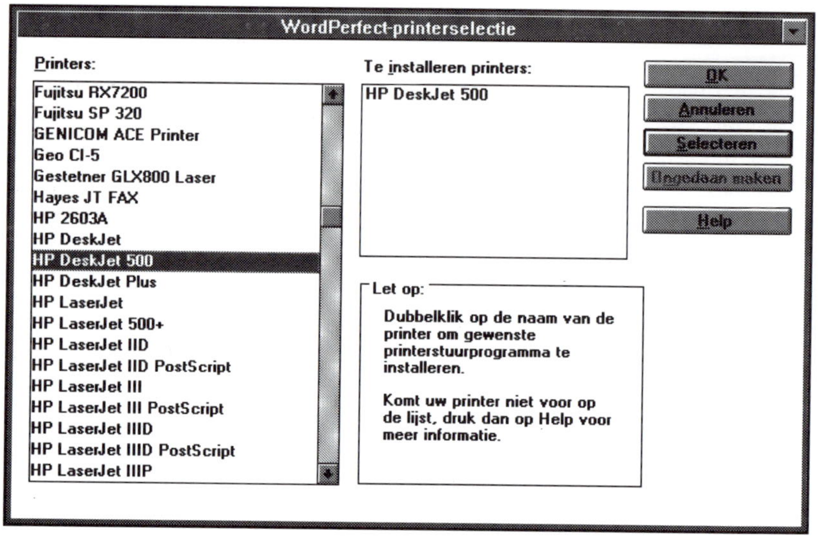

Tot slot krijgen we nog de gelegenheid om enkele Readme-bestanden met aanvullende informatie te lezen. Dat is niet nodig, dus klikken we op Afsluiten.

We keren dan terug naar Programmabeheer van Windows. Het venster met de programmagroep voor WordPerfect staat vooraan.

registratie nummer

Als we het programma voor de eerste keer starten (vanuit Windows natuurlijk), moeten we het registratienummer opgeven. Dit is te vinden op de installatiediskette.

Appendix B
Extra opdracht

In deze opdracht maken we een briefje en een lijst met artikelen die besteld moeten worden door een bouwbedrijf.

- Start WordPerfect voor Windows.
- We beginnen met de brief. Typ de volgende tekst en zet de plaats en datum tegen de rechter kantlijn.

Hoofddijk, 26 november 1993

Geachte heer Ernst,

Naar aanleiding van ons telefoongesprek van 25 november bevestig ik hierbij onze order. Bijgevoegd treft u een lijst aan met de specificaties voor de stalen balken. Over de levering in januari nemen wij nog contact met u op.

Mocht u nog vragen hebben, aarzel dan niet mij te bellen.

Hoogachtend,

ir. G.J. van Hogen

- Ga naar het begin van het document en voeg daar de volgende adressen van afzender en geadresseerde in:

Bouwbedrijf van Hogen
Ringvaart 21
8912 AS Hoofddijk
Tel.: 07812-12112

MeTaBa Constructie
Stadionweg 3
8123 BA Achtkamp

- Controleer de spelling van de brief.

- Sla de brief op onder de naam br-mtb.
- Kopieer de eerste vier regels (`Bouwbedrijf van Hogen` tot en met het telefoonnummer) naar het klembord.
- Ga naar het eind van het document en druk op Ctrl+Enter om een harde paginascheiding in te voegen.
- Plak de inhoud van het klembord aan het begin van de nieuwe pagina.
- Zorg voor een lege regel en tik deze zin in:

Specificatie bestelling stalen balken.

- Druk tweemaal op Enter.
- Zet indien nodig de liniaal op het scherm en verwijder alle tabs.
- Zet een gewone tab op 4 centimeter en drie centreertabs op 5,5; 8,5 en 10,5 centimeter.
- Neem de volgende regel over. Plaats tussen de woorden een tab:

Soort Type Lengte Breedte Hoogte

- Druk op Enter en vervang de drie centreertabs door decimaaltabs. De afmetingen worden dan uitgelijnd op de komma.
- Neem met behulp van tabs de volgende lijst over.

H-balk	D.34	280	12,5	18,6
U-balk	D.12	125	10,8	10,8
L-balk	C.114	325	12	8,4
H-balk	D.413	365,5	12,5	12,4
L-balk	D.23	165,5	10,8	8,1
T-balk	C.134	400	12	18,8
T-balk	C.134	98	12	18,8

- Druk op Enter en tik de volgende regel over:

Alle afmetingen zijn in centimeters.

- Plaats met behulp van het klembord de tweede H-balk onder de eerste.
- Alle typenummers die beginnen met een `D` zijn fout. Deze moeten met een B beginnen. Ga naar het begin van het document en gebruik de functie Vervangen om dit in orde te maken.
- Maak de koppen boven de rijtjes vet.
- Druk het document af. Sla het op en sluit het werken met WordPerfect voor Windows af.

Suggesties voor verdere studie

In het laatste hoofdstuk zijn voorbeelden gegeven van wat het programma nog meer kan. Het is slechts de bedoeling geweest aan te geven welke verdere mogelijkheden er zijn. Voor verdere studie geven we hierna suggesties voor te raadplegen literatuur.

- Basiscursus WordPerfect 5.2 voor Windows, M.J.C.M. Krekels, ISBN 90 395 0024 X, *f* 29,50 / BF 590

Als naslagwerk kan dienen:

- De kleine WordPerfect voor Windows gids, M. Hobbie, ISBN 90 6233 837 2, *f* 19,50 / BF 390 (behandelt versie 5.1 van het pakket)

Index